AF523045

ALEXANDRA KILIAN
ALEXANDRA MASCHEWSKI

MALLORCA

für Fortgeschrittene

FOTOGRAFIE
AMIN AKHTAR

15
CUIDADO CON EL PERRO

FÜR FORTGESCHRITTENE

MALLORCA IM ÜBERBLICK

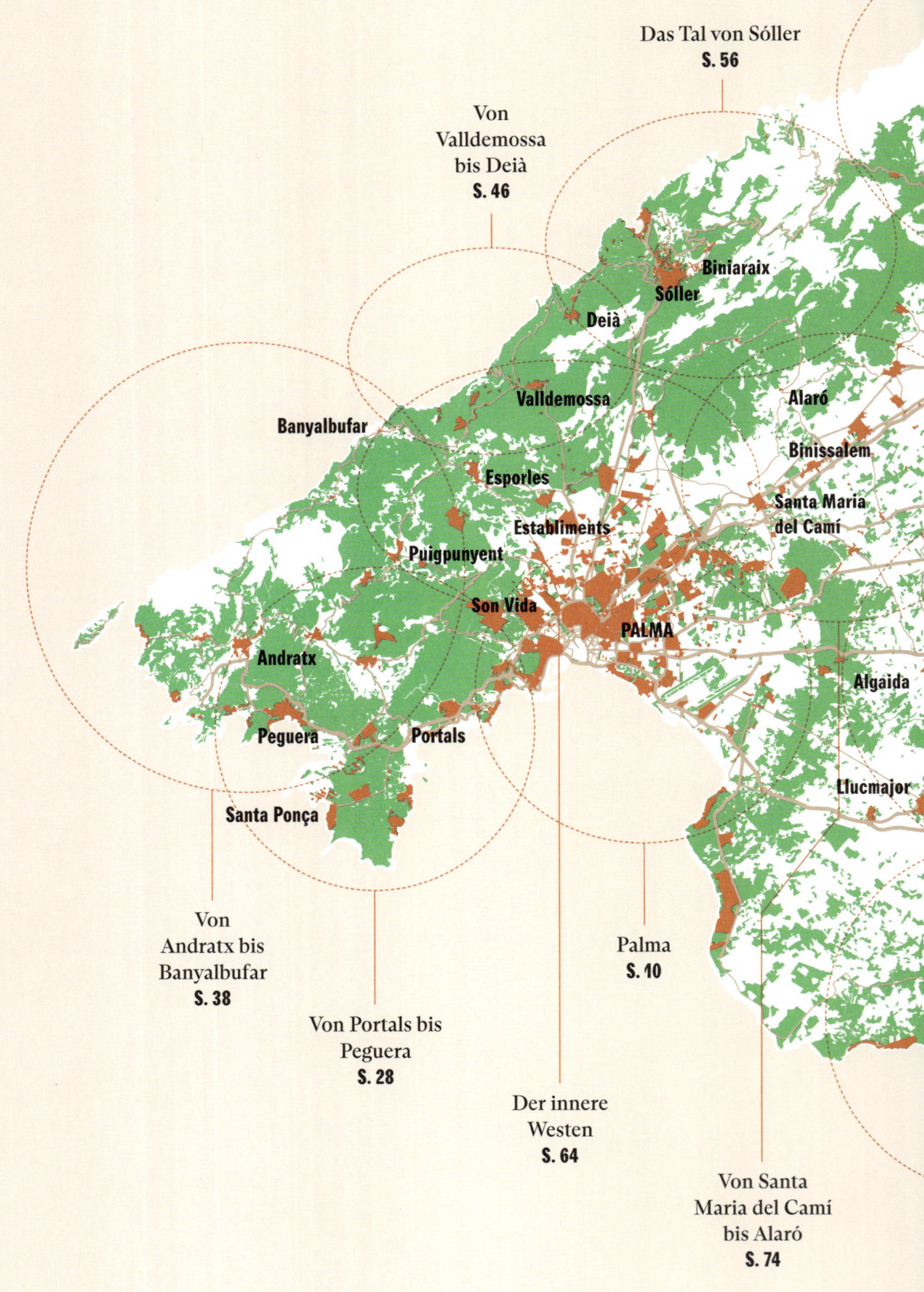

Port de Pollença
Pollença
Alcúdia
Campanet
Sa Pobla
Caimari
Muro
Inca
Son Serra de Marina
Santa Margalida
Cala Rajada
Artà
Son Servera
Manacor
Montuïri
Porreres
Felanitx
Campos
Portocolom
Santanyí
Es Trenc
Colònia de Sant Jordi
10 km
Von Campanet bis Pollença
S. 84
Alcúdia und Platja de Muro
S. 94
Südliche Bucht von Alcúdia
S. 104
Artà
S. 112
Zwischen Cala Rajada und Son Servera
S. 126
Rund um Manacor
S. 162
Die Ostküste entlang Richtung Süden
S. 136
Es Trenc
S. 154
Santanyí
S. 146

VORWORT

Ihr „Sommer-Hollywood“ nannten Errol Flynn, Ava Gardner, Orson Welles, Rita Hayworth und John Wayne Mallorca. Eine Insel, die wegen ihrer Ursprünglichkeit und schroffen Schönheit schon ein Jahrhundert zuvor die Kreativen angezogen hatte. George Sand und Frédéric Chopin, die sich 1838 in die leerstehende Kartause von Valldemossa zurückgezogen hatten; Anaïs Nin und Robert Graves, der den Worten seiner Freundin Gertrude Stein – „Mallorca ist ein Paradies, wenn du es aushalten kannst“ – bis nach Deià folgte und den Rest seines Lebens dort verbrachte. Es war der Beginn einer andauernden Liebe und Verbundenheit der internationalen Boheme zu Mallorca.

Der beginnende Massentourismus, der die größte Insel der Balearen mit ihrer mehr als zweitausendjährigen Geschichte von einem der bedeutendsten Handelszentren der Welt zur touristischen Hochburg Europas verwandeln sollte, ließ Unternehmer und Kreative jedoch bald andere Destinationen bevorzugen. 1970 zählte Mallorca bereits 1,85 Millionen Urlauber, begünstigt durch die ersten zivilen Düsenjets und das Wirtschaftswunder, das die Insel auch für ein breiteres Publikum zum begehrten Reiseziel machte. Neben Golfplätzen, Jachthäfen und weiteren Luxushotels entstanden so auch ein Party-Tourismus und mit Bettenburgen verbaute Küstenabschnitte, die das Spektrum der Besucher erweiterten und das Einverständnis der Mallorquiner strapazierten.

Doch seit ein paar Jahren findet ein Wandel statt, der die Boheme zurück an die Ufer der Balearen spült. Mit einer Lust, diese Insel neu zu entdecken – und ihr etwas zurückzugeben. Daran hat auch der halb private und von mallorquinischen Unternehmerfamilien finanzierte Tourismusverband „Fundación Turismo Palma de Mallorca 365“ Anteil, der das Gastgewerbe gezielt von Ballermann und Massentourismus auf ein kulturell interessiertes, lifestyleorientiertes und zahlungskräftigeres Publikum aus Europa und Amerika ausrichtet. Die Schaffung des Direktflugs Palma–New York, der strenge Fokus auf Fünf-Sterne-Boutiquehotels in Palma, die in behutsam renovierten Stadtpalästen das architektonische Vermächtnis der Hauptstadt sichern, sowie die Zusammenarbeit mit der Polizei, die verstärkt offenen Alkoholkonsum ahndet, sind kein Zufall. 13 Millionen Menschen haben Mallorca 2023 besucht. 13-mal mehr, als die Insel Einwohner zählt. Es brauchte Qualitätstourismus, Erst- und Zweitwohnsitze, innovative, nachhaltige Projekte statt schlicht Urlauber. Es brauchte das Zusammenwirken von Alt und Neu.

Und so hat sich abseits der bekannten Pfade eine Gemeinschaft aus Künstlern, Gastronomen, Entrepreneuren und Designern gebildet, die das spannende Erbe der Balearen mitgestalten, altes Handwerk neu interpretieren und Nachhaltigkeit anders denken. Sie leben den stillen Luxus nicht nur, sie verkörpern ihn. Die Coronapandemie hat zu einer Sehnsucht nach Sicherheit, Sonne und Slow Living sowie zu einer neuen Art des mobilen Arbeitens geführt. Dieses Bedürfnis trifft auf Mallorca auf optimale Bedingungen. Kein anderer Ort im Mittelmeerraum bietet diese Mischung aus Ruhe, Raum und Natur auf der einen und kosmopolitischem Leben an 365 Tagen im Jahr auf der anderen Seite. Und so wurde auch für uns Mallorca zum Wohn- und Feriensitz.

Frische Impulse und Perspektiven formen derzeit eine fantastisch-eklektische Mischung aus Kunst, Design und Gastronomie, die einzigartig ist. Eine Melange, die in diesem Buch abgebildet wird und die sich nicht bloß aus visionärer, global denkender Energie speist, sondern auch aus einem respektvollen Umgang mit Traditionen und lokaler Historie. Genau davon erzählen die besonderen Persönlichkeiten, die wir für dieses Buch getroffen haben. Davon zeugen ihr Wirken und die Produkte, die sie schaffen. Mallorca besitzt sie noch immer, diese besondere Magie, die auch uns fasziniert. Und ihre Facetten schillern schöner denn je.

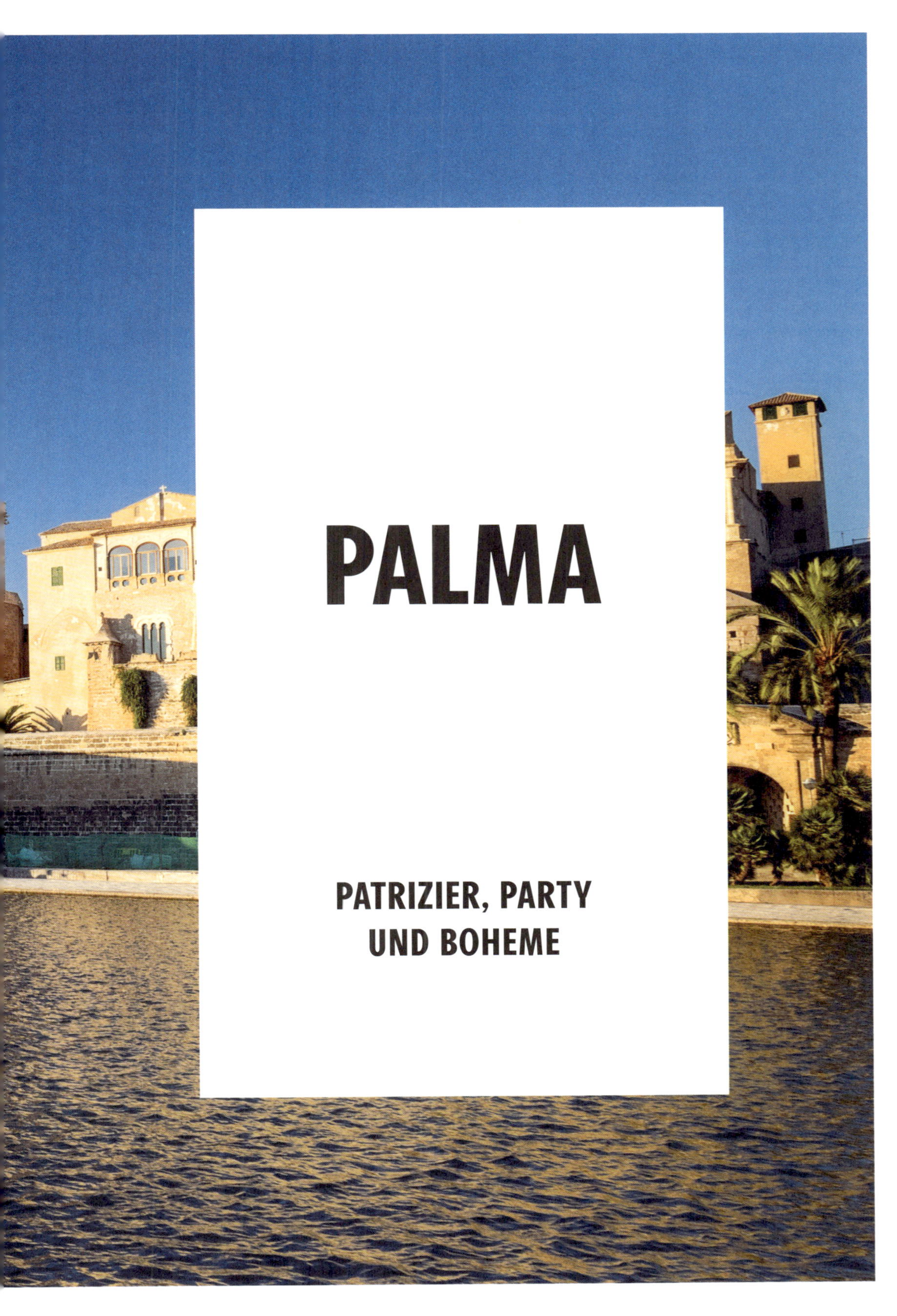

PALMA

PATRIZIER, PARTY UND BOHEME

Ein niedriger, breiter Torbogen, direkt an der Plaça de Santa Eulàlia, dezent mit der Nummer „2" in Stein dekoriert. Dahinter ein Vorraum, Beige an der Wand, Naturstein auf dem Boden sowie eine Tür aus Holz, an der ein kleiner, goldener Knauf steckt. Sonst nichts, nur schlicht. Sie führt zum ersten und einzigen Private-Members-Club Mallorcas. Wo sich der Entrepreneur mit der Designerin den Schreibtisch teilt, der Influencer mit der Maklerin den Personal Trainer im Gym und der Galerist mit dem Direktor der größten Bank Spaniens im Clubrestaurant isst. À la „Soho House". Erst im Januar 2024 haben Anna Karlen und Pablo Sánchez das „Làlia" eröffnet, ein schwedisch-chilenisches Pärchen, sie aus dem Marketing, er war Banker, Manager. Mit ihren Kindern sind sie nach Mallorca gezogen, zu den 200 Gründungsmitgliedern ihres Clubs gehört schon jetzt die Crème de la Boheme. Die Palma und Mallorca gemeinsam mit der jungen Generation von Mallorquinern neu denkt; und frische Impulse aus der jeweiligen Heimat wie Schweden, Frankreich, Südamerika, den USA, Deutschland und England mitbringt – was zu einer unschlagbar fantastisch-eklektischen Mischung aus lokaler Historie, Menschen und Produkten gepaart mit respektvoller, visionärer und global denkender Energie der Immigranten führt.

Es hat ein Wandel stattgefunden in den letzten fünf Jahren. Die Direktflüge aus den USA, das erhöhte Sicherheitsaufkommen an Ballermann und Magaluf, die Hotellizenzen, die fast ausschließlich an Projektentwickler vergeben werden, die einen der Altstadtpaläste originalgetreu renovieren und in ein Fünfsterne-Boutiquehotel verwandeln – das sind keine Zufälle. Daran hat der halb privat geführte Touristenverband gearbeitet. 13 Millionen Menschen besuchen jährlich Mallorca, 13-mal mehr, als die Insel Einwohner hat. Mehr wird sie nicht empfangen können. Es braucht Qualitäts- statt Massentourismus. In Palma, dem kulturellen Zentrum des neuen Mallorca, ist dieser Gedanke bereits Wirklichkeit. Der mediterrane Charme der Stadt, ihre Lage und Vielfalt machen die Mini-Metropole am Meer zum Must-see und Must-be. Historie und Architektur, Kunst und Veranstaltungen, Shops und Restaurants, Hotels und Vergnügen sind Teil einer DNA, die auf solch hohem Niveau derart konzentriert selten zu finden ist. Palma und seine Macher sind ein Open-Air-Museum der besonderen Art, das es zu entdecken gilt.

DAS NEUE GALERIENVIERTEL

Eben noch stand er vor dem Werk von Max Patté in der „Exhibition"-Galerie, in ein Gespräch vertieft. Dann war er plötzlich gegenüber zu sehen, durch die raumhohen Fenster der „Gallery Red". Zwei Minuten später tippt er auf die seltene Sneaker-Kollektion des „Gallery Red Concept Stores" in der Mitte der Plaça de Frédéric Chopin, immer mit einem Lächeln im Gesicht. Drew M. Aaron bewegt sich kaum spürbar, elegant zwischen seinen Standorten und Kunden hin und her. Besonders zur „Nit de l'Art", der Nacht der Kunst, die jedes Jahr im September in den über 40 Galerien Palmas stattfindet. Seitdem Drew auf der Insel lebt, haben sich Spektrum und Dynamik dieser sowie der Szene insgesamt gewandelt. Der US-amerikanische Kunstmäzen, aus einer Papierdynastie in Philadelphia stammend, kam vor rund sieben Jahren aus New York nach Mallorca.
Er gründete die Hypothekenberatungsfirma Lionsgate Capital, heute die größte Finanzierungsfirma auf den Balearen und in Südspanien, und eröffnete 2017 die „Gallery Red". Obwohl er hier ursprünglich mit seiner Frau, Topmodel Hana Soukupová, und den drei Kindern nach einem bewegten Leben in New York zur Ruhe finden wollte. Sein Tatendrang, das Gespür für Kunst, seine 3.000 Werke umfassende Sammlung, seine Liebe zu Kauf und Verkauf gewährten ihm keinen Halt. Mit der „Gallery Red", der am schnellsten wachsenden Galerie Spaniens, bot er erstmals eine faszinierende, einzigartige Mischung aus den angesagtesten Künstlern des vergangenen Jahrhunderts – Warhol, Basquiat, Koons, Richter, Hirst – mit aufstrebenden, nationalen Talenten – Toni Garau, Andrea Torres, Rubén

DER US-AMERIKANER DREW M. AARON IN SEINER „EXHIBITION BY GALLERY RED“

Martín de Lucas, Lídia Masllorens. Diese Mischung, das Laute, Kühne, das war neu in der etablierten Kunstszene der Stadt. Es folgten die „Soho Gallery“ gegenüber, voll extravaganter, zeitgenössischer Street- und Pop-Art-Werke à la David LaChapelle, Banksy und Sol Felpeto. Dann das „Café Red“, die „Exhibition by Gallery Red“, der Design-Showroom, der „Gallery Red Concept Store“, das „Art Loft by Gallery Red“, der „Gallery Red Frame Shop“ und der Luxusaccessoire-Store „Rouge“ mit Handtaschen- und Uhren-Unikaten aus dem Hause Hermès, Chanel, Rolex und Louis Vuitton. Ganz neu sind ein 400 Quadratmeter großer Kunstraum auf zwei Etagen namens „Gallery Red Square“ und die „Gallery Red Downtown“. Hier ist ein ganzer Stadtteil entstanden, den inzwischen auch weitere Investoren entdeckt haben. Die Schweden von „Palma Bread“, die Mallorquiner der Meliá-Hotels, die hier gerade an einer Fünfsterne-Boutique-Version arbeiten sowie die „Homerun“-Broker vom Festland. Eine Immobilienagentur aus Marbella, die derzeit Protagonist einer ersten exklusiven Europa-Version des Netflix-Quotenerfolgs „Selling Sunset“ aus Los Angeles ist und diesen in der zweiten Staffel in ihr erstes Büro auf Mallorca führen wird.

Und Drew? Hat zusätzlich zu all seinen Objekten auf der Plaça Chopin noch vier Dauerausstellungen in den Privatjet-Lounges von Mallorca, Ibiza, Barcelona und Madrid, Ausstellungen in mehreren Privathäusern auf der ganzen Insel, dem „Belmond La Residencia“, „The St. Regis Mardavall Mallorca Resort“, und zwei private Ausstellungsräume in Son Vida und Alaró sowie die VIP-Flughafenlounges am Flughafen Palma. „Wir wachsen schneller als erwartet“, sagt er. Und dann ist er auch schon wieder weg, verschwunden in der Menge der Gäste der „Nit de l'Art“, mit einem Lächeln im Gesicht.

galleryred.com

DIE KULINARISCHE DNA DER INSEL

Das Kunstwerk zur Seite schieben? Den Sonnenschirm? Vielleicht auch die Tische ab- oder neu aufdecken? Santi Taura steht in seinem „Urba"-Bistro auf der Dachterrasse des „El Llorenç Parc de la Mar" und gibt alles, um den Fotografen glücklich zu machen. Ob er nicht runter in sein Hauptrestaurant, das „DINS", müsse, wo der Service bald beginnt? Santi Taura grinst. „Organisationssache", sagt er dann. Und dass er nicht der beste Koch der Insel sei – aber höchstwahrscheinlich der mit dem besten Konzept.
Seit 20 Jahren arbeitet der gebürtige Mallorquiner an seinem kulinarischen Erbe, angefangen als Autodidakt mit einem Restaurant im Haus seiner Großmutter in Lloseta, das nach nur wenigen Monaten eine der längsten Wartelisten Spaniens produzierte. 2019 zieht er mit seinem „DINS" nach Palma, es folgen das „COR barra i taula" am Mercat de l'Olivar, das „Urba", das „El Vicenç" und das „U Mayol" im Norden der Insel. Santi Tauras Stammplatz ist und bleibt jedoch das „DINS" inmitten der Altstadt Palmas, das als eines von elf auf der Insel einen Michelin-Stern trägt. Geöffnet wird nur, wenn er selbst vor Ort ist, auf den ausgebuchten Plätzen sitzen Mallorquiner, die nach Kindheitserinnerungen suchen, sowie internationale Foodies, Touristen und Residenten, die die Insel geschmacklich begreifen möchten. Denn Tauras Teller sind eine Hommage an die kulinarische Kulturgeschichte Mallorcas in 14 Gängen. Aus alten Rezeptbüchern hat er teils jahrhundertealte lokale Kreationen herausgesucht, die er mit saisonalen Zutaten und modernen Techniken ins Jetzt transportiert.

STERNEKOCH SANTI TAURA IST GEBÜRTIGER MALLORQUINER

Wie die Steinfisch-Empanada, ein wohlig-warmer Biss in die Vergangenheit, in der die herzhaften Teigküchlein noch die einzige Mahlzeit des Tages darstellten, oft mit Lamm gefüllt und mit den Fingern auf den Feldern verschlungen. Das Originalrezept von 1677 der „frito mallorqui“, eine Lammfleisch-Krokette, ergänzt er mit Fenchel, Kartoffeln, Paprika zu einem schlotzig-crunchigen Erlebnis. Und die zwei Jahre gereifte Bio-Sobrasada streicht er, kurz angebraten, schlicht auf einen Cracker und garniert sie mit einer Spur von Honig. Geräuchert, würzig, süß, säuerlich schmeckt das, „es führt uns an die Abende rund ums Feuer, rauchig, gesellig, gut“, wie Santi Taura beim Servieren der Lokalspezialität sagt.

dinssantitaura.com

SPAZIERGANG ABSEITS DER MASSEN

Die historische Altstadt liegt, vom Mittelmeer begrenzt, zwischen den Avingudas von Palma, die den einstigen Verlauf der Stadtmauer sternförmig nachzeichnen. Neben den historisch beeindruckenden Bauten wie der Kathedrale oder der Seehandelsbörse „Sa Llotja“ sind ihr größter architektonischer Schatz die mittelalterlichen Innenhöfe der herrschaftlichen Paläste und Patrizierhäuser, die sich über den Kern der Stadt verteilen. Jedes Jahr zu Ostern lohnt sich das Erkunden dieser einst wichtigen mittelalterlichen Handels- und Kommunikationszentren besonders. Dann öffnen zu den stets begehbaren wie jenem der Handwerkskammer in der Carrer Palau Reial zusätzlich über 40 private Patios ihre Tore. Schwere und überdimensional große Eisentore unter Rundbögen, die zu individuell einzigartiger, saftiger Blatt- und Blütenpracht auf Naturstein und herrschaftlichen Treppen führen, gesegnet vom Schatten der sie umgebenden Gebäude.
Ein Spaziergang führt von der Kathedrale und dem Königspalast „Palau Reial de l'Almudaina“, in dem König Felipe VI. jeden Sommer seine Audienzen veranstaltet, vorbei am Diözesanmuseum und den arabischen Bädern „Banys Arabs“ in der Can Serra hoch zur Plaça de Cort mit dem im 16. Jahrhundert erbauten Rathaus sowie einem über 100 Jahre alten Olivenbaum, Treffpunkt der Palmesaner. Weiter geht es geradeaus zum Kloster Sant Francesc mit seinem beeindruckenden spätgotischen Kreuzgang, mit Garten und Basilika, in der der Universalgelehrte und Vater der katalanischen Sprache, Ramon Llull, seine letzte Ruhe fand. Ein paar Meter weiter präsentiert sich das Hotel „Can Cera“, ein behutsam renovierter Stadtpalast, dessen Innenhof voll lokaler Kunst von Jaume Roig aufgrund seiner Beliebtheit bei Instagram-Touristen dem Passanten

DER INNENHOF DES CAN VIVOT, EIN STADTPALAST AUS DEM 14. JAHRHUNDERT

mittlerweile verschlossen bleibt. Nicht jedoch dem, der im Hotel übernachtet – oder sich für Lunch, Dinner oder Drinks anmeldet. Südlich vom Hotel, in der Carrer de Can Savellà 4, befindet sich das Can Vivot, Patio Nummer 3, ein seit 1995 als nationales Kulturgut deklarierter Stadtpalast aus dem 14. Jahrhundert mit fünf barocken Innenhöfen, der nach Voranmeldung auch innen besichtigt werden kann. Die Besitzer Pedro de Montaner y Alonso, Graf von Zarvellà, und Gräfin Magdalena de Quiroga y Conrado öffnen auf Anfrage. Ein Stück weiter Richtung Wasser, in der Carrer d'en Morei 9, wartet Can Olesa auf Besucher. Das dreistöckige Herrenhaus ist eines der wenigen, das sein Interieur seit dem Umbau im Renaissance- und Barockstil im 17. Jahrhundert bewahrt hat – im Innenhof finden sich die typisch ionischen Säulen mit ausgeprägter Entasis, schmiedeeiserne Geländer, niedrige Bögen und eine breite Treppe. So wie im Hof des Can Espanya Serra, das sich durch originelle Verzierung der Fassade im neogotischen Stil auszeichnet. Das Geländer der Treppe ist mit 16 Kassetten dekoriert, die die Künste und Wissenschaften repräsentieren, unterhalb finden sich Reliefs gotischer Ungeheuer. Eine vom Pariser Designteam Festen meisterhaft restaurierte Version eines typischen Patios aus dem 17. Jahrhundert ist in der Carrer de la Portella, Hausnummer 9, zu finden: das „Portella", eins der exklusivsten Boutiquehotels Palmas, in einem ehemaligen Palacio, in dem einst der spanische Maler Joaquin Torres Ladó lebte und arbeitete.

DIE GESCHÄFTSFÜHRERIN DER MALLORCA PRESERVATION FOUNDATION, ANA RIERA

NACHHALTIG IN DIE ZUKUNFT

Ana Riera hat nicht viel Zeit. Eigentlich gar keine. Für ihre Stiftung nimmt sich die dreifache Mutter diese jedoch. Sofern sie zur Aufklärung und Verbesserung beiträgt. Die studierte Biologin und Biochemikerin ist seit Beginn Geschäftsführerin der Mallorca Preservation Foundation mit Sitz in Palma und trifft, wer sich für ihre Arbeit interessiert. Vor sieben Jahren wurde die Umweltschutz-Stiftung gegründet. 13 Millionen Besucher pro Jahr und die große Nachfrage auf dem Immobilienmarkt gefährden die Natur der Balearen und Mallorcas im Besonderen. Ana Riera und ihr Team sammeln und vernetzen Sponsoren und Partner, kommunizieren und klären auf, helfen bei Aktionstagen und fördern lokale Naturschutzinitiativen und -projekte. Wie das „Stellaris-Projekt" zum Schutz von Haien, die Vereinigung „Tursiops", die sich für die Erschaffung eines Schutzgebiets für Pottwale östlich der Balearen einsetzt, oder die Zusammenarbeit mit den Biogärtnern der „APAEMA", die Plastikmulch schrittweise durch biologisch abbaubare Folie aus Kartoffelstärke ersetzen möchte. Sie klären an Schulen über Abfälle auf, laden zu Workshops oder Fotowettbewerben, unterstützen Forschungsprojekte über Bienen, Vögel, Wälder, entwickeln Mehrwegmodelle in Zusammenarbeit mit „Rezero", einer Zero-Waste-Initiative, und dem Projekt „reWINE", dessen Ziel es ist, die Kreislaufwirtschaft zu unterstützen, indem Produktion und Konsum von Wein in Mehrwegflaschen auf Mallorca anvisiert wird. Meeresschutz, Artenvielfalt, Unterstützung der lokalen Landwirtschaft, nachhaltige Energiegewinnung und verantwortungsbewusstes Abfallmanagement – Ana Riera hat viel zu tun und noch viel vor. Aber das macht sie gern. „Es ist unsere Pflicht, uns um diese wundervolle Insel zu kümmern und sie für die kommende Generation zu schützen und zu verbessern", sagt sie. Neue Sponsoren, Partner und Projekte sind jederzeit willkommen.

mallorcapreservation.org

EINS DER SCHÖNSTEN GESCHÄFTE PALMAS: ARQUINESIA

PARFÜM, SCHMUCK UND MODE MADE IN MALLORCA

Es ist voll, laut, heiß und stickig. Touristen, Zugezogene und Einheimische schieben sich vom Parc de la Mar und der Kathedrale über den Passeig des Born, in den die Einkaufsboulevards Avinguda de Jaume III und Carrer Unió münden. Eine Parallelstraße davon entfernt: nichts. Nur ein leichter Wind, der durch die Gasse weht und eine kleine, bordeauxrote, im Sandstein verankerte Fahne sanft bewegt. Daneben: ein schlichter Eingang, von zwei Windlichtern auf dem Boden und einer goldenen Plakette gerahmt. „Arquinesia Perfumes" steht darauf. Ein paar geflieste Stufen geht es hinauf, in den ersten Raum, von übergroßen Keramikvasen mit Ästen, Blumen, Waagschalen und antiken Kacheln sowie dem Duft von Orangen geprägt. Weiter geht es ins nächste Zimmer dieses einstigen Antiquitätenlagers in einer alten Wohnung, geistreich als solche belassen. Schmiedeeiserne Kerzenständer, hölzerne Modellschiffe mit Segeln aus Leinen hinter Glas in einer Holzvitrine, „Scent of History" steht auf einem Zettel an der Wand, dazu „Ihr Ausdruck ist holzig-herb, mit romantischer Note, (…) maurische Legenden mischen sich mit Sinneseindrücken des Moments". Noch drei Räume durchquert der Kunde – oder vielmehr Gast, der er hier ist, bis er im letzten eine Treppe zum Verkaufsraum hinabsteigt. In dem Romana und Urs Leuenberger mit ihrem Team warten. Zwei Schweizer Innenarchitekten, die 2019 die geniale Idee zu diesem stilvoll-eleganten, duftpoetischen Paradies verwirklichten. Sechs vegane Düfte – Feige, Orange, Scent of History, Sea Breeze, Secret Garden und Silencio –, die Mallorca und seine Momente einzigartig ätherisch einfangen. Ein Muss beim Gang durch Palma.

Besondere Produkte von Qualität und Nachhaltigkeit finden sich auch bei Sofia Carlsen im Atelier des „House of Kimåne“ an der Carrer de la Missió, wo die 33-jährige Schwedin gemeinsam mit ihrer Mutter Eva Hüte, Taschen, Kissenhüllen und Kimonos nach Maß und mit edlen Materialien wie Stoffen von Designers Guild anfertigt. Auf Anfrage. Im „Forn des Teatre“ des „Fornet de la Soca“ bieten Maria José und Tomeu Arbona mit mallorquinischem Xeixa-Mehl gebackene Köstlichkeiten wie Ensaimadas, Tortadas, Grieß- und Mandelkuchen, Brot, Kekse und Coques an. Alles handgebacken und voller Tradition, die Rezepte haben die Ex-Grundschullehrerin und der ehemalige Psychotherapeut in Zeitungen und vergriffenen Büchern aus Klöstern und Herrenhäusern auf Mallorca recherchiert. Die mallorquinische Designerin Rosa Esteva und ihr Flagshipstore „Cortana“ liegen nah, der Concept Store „Rialto Living“ mit Mode, Textilien, Bildbänden, Kunst, Dekoration, Accessoires in einem beeindruckenden antiken Kinopalast, die „Biblioteca de Babel“ mit Bar und Buchangebot – sowie Schmuckdesignerin Isabel Guarch, die in zweiter Generation von der Insel inspirierte und ausschließlich lokal produzierte Stücke entwirft. Zu ihren Kunden gehören Sofía von Spanien nebst Schwiegertochter Königin Letizia.

FÜR AUTO-LIEBHABER

Nur noch das Gerüst des Wagens steht. Schwere Eisenstangen und -rohre, schwarze Kabel und Federn ragen zwischen den breiten Reifen hervor. In der kleinen Werkstatt in der Carretera Militar in Arenal, nah der Platja de Palma,

FERNANDO GONZÁLEZ MASEDA DE LA CALLE MIT EINEM SEINER „BEACH ROVER“

steht ein Landrover BR D90 V8 – oder das, was von ihm übrig ist. Wenn Fernando González Maseda de la Calle und sein Team mit ihm fertig sind, wird er nicht wiederzuerkennen sein. Die Idee, mit seiner privaten Passion Geld zu machen, kam Fernando, eigentlich IT-Entrepreneur und Immobilienentwickler, im Jahr 2020. Da hatte er seinen eigenen Wagen derart gekonnt überholt, dass ein Sammler aus Illinois ihn kontaktierte und ihm ein Angebot machte, das er nicht ausschlagen konnte. Fernando machte weiter und auch der zweite und der dritte Wagen verkauften sich sofort an einen Sammler in Paris. Also gründete der Madrilene „Beach Rovers", ein Restaurierungsunternehmen, das aus alten Geländewagen Designer-Einzelstücke macht. Mit Leder von Jachten, Marshall-Soundsystem, Teka-Holz, Speziallack mit Farben wie „Tramuntana-Grün". Über 20 Einzelstücke haben die Garage inzwischen verlassen. Die Produktion hat sich auf Madrid ausgeweitet, bei 50.000 Euro starten die Preise für das Make-over – und die Nachfrage kommt mittlerweile aus aller Welt. Seine Zwischenhändler in Miami und New York drängen auf schnellere Produktion. Doch Fernando bleibt in Mallorca, in der kleinen Werkstatt in der Carretera Militar in Arenal. „Design braucht Zeit, soll es zeitlos werden", sagt er.

beachrovers.com

24/7 GENIESSEN

Agustina Ballinas Tag beginnt um sieben Uhr. Um acht öffnet sie ihr „El Perrito", das Café in Santa Catalina, das die Argentinierin vor fünf Jahren mit ihrem Bruder Patricio und Cousin Juan übernommen hat. Davor kauft sie in der Markthalle gegenüber sowie in der Traditionsbäckerei „Sa Camena" ein, dann geht es in die Küche, das ist ihr Metier. Agustina hat bei Cirque du Soleil gearbeitet, in Madrid gelebt, mit ihrem Mann, einem professionellen Trompeter, ist sie viel gereist, für ihr Frühstück in Palma ist sie längst berühmt. Saftiges, hausgebackenes Brot, Eggs Royale, fein krosses Brioche mit Avocado, Lachs und Hollandaise, ein „Bagel French Omelette" mit geriebenen Ramallet-Tomaten, Mahon-Käse aus Menorca und süßem Schinken, Acai-Bowl, Sadhana-Chai mit Ashwagandha, Croissant und Buns, Kuchen, Smoothies, Kaffee von Lavazza, dazu macht sie selbst Falafel, Pasta, Tom Kha Gai, alles schmeckt frisch und vollmundig, der perfekte Start in den Tag.
Direkt danach geht es in den Mercat de Santa Catalina, es ist die älteste noch aktive Markthalle der Stadt, Stand an Stand reihen sich Obst, Gemüse, frischer Fisch, Biofleischer, Tapas-Bars, Blumen und vieles mehr. Bei Roberto Fernandez und seinem Stand „Aveso" gibt es besonders gutes Huhn; Sobrasada und den

besten iberischen Schinken verkaufen Eugenia und Marie Carmen Garcia an ihrem „Aixó és Bo"; Gemüse und Früchte mit Frische- und Aromagarantie gibt es bei Sebastian Lladonet und Catalina Coll von „Maria de Porreres"; und bei Adela Garau vom „a granel" die größte Auswahl an Nüssen und Trockenfrüchten. Kuchen und feine Tartes sind auf der Insel eine Seltenheit – im „Ca'n de Paris" neben dem „a granel" schmecken besonders Tartita Frambuesa und Eclair Chocolate.
Für ein zweites Frühstück geht es in die Altstadt, zum „Surry Hills", auch hier gibt es frische Brunchvariationen und der Kaffee schmeckt besonders gut. Die beste Gazpacho zum Mittag – mit Orangenragout, Kräutergratinée, Mandeln und Haselnüssen ein multisensorisches Erlebnis – gibt es im „De Tokio a Lima" auf der Terrasse des „Can Alomar" inklusive Blick über den Passeig des Born, die besten Sandwiches im „Cafè Riutort" in einer Seitengasse der Ramblas. Das beste Eis für heiße Nachmittage bietet „Rivareno" gegenüber La Lonja, mit Sorten wie Contessa (Amaretto-Mandel-Haselnuss) oder Fior di Manna (Milchcreme aus den italienischen Alpen), heiße Schokolade im Winter das geschichtsträchtige „Ca'n Joan de s'Aigo".
Am Abend muss es zu Tapas mit lateinamerikanischem Twist bei Joel Bauza gehen. In der „Stagier Bar" begeistern gegrillte Jakobsmuschel mit Chimichurri und Rocoto-Butter sowie Hauptgänge wie Wolfsbarsch-Ceviche und Wagyu-Steak mit Gratin und Bearnaise, dazu gibt es beste Beats und lokal die besten Weine von Frau und Gastgeberin Andrea sowie ungezwungen hippe Atmosphäre. Wer das Vollprogramm braucht, isst einen Stern bei Santi Taura im „DINS", für die Drinks danach sorgen das „Door 13", die „Rosa Vermuteria", der „Brass Club" oder das „Almaq" auf dem Rooftop des „Es Princep". Mit sensationellem Blick über Bucht und Stadt.

AUGUSTINA BALLINA VOM EL PERRITO IN SANTA CATALINA

TIPPS

ESSEN

GUÉTHARY

Stern-Ambitionen an der Playa de Palma: Das vom Michelin ausgezeichnete Grillrestaurant „Elkano“ aus dem Baskenland hat neuerdings einen Ableger in Mallorca, am Ende des „Iberostar Playa de Palma“. Hummerkopf, Seegurke, weiße Garnelen – minimalistisches Fine Dining mit Fokus auf Fisch und Meeresfrüchte.

guethary.es

DE TOKIO A LIMA

Japanisch-peruanisch-mediterrane Aromen und Zutaten, fein differenziert und genial kombiniert, landen hier auf den Tischen auf der Terrasse des „Ca'n Alomar“ mit Blick auf den schönsten Boulevard der Stadt, den Passeig des Born. Besonders gut: Gazpacho und Ceviche. Adults only.

detokioalima.com

STAGIER BAR

In diesem kleinen Restaurant in Santa Catalina wirken Chef Joel und Gastgeberin Andrea in perfekter Gastro-Symbiose. Es gibt Tapas mit lateinamerikanischem Twist wie Jakobsmuschel mit Chimichurri und Rocoto-Butter, dazu gute Drinks und hippe Atmosphäre.

stagierbar.com

LA MALVASÍA

Perfekt für Businesslunch oder Familiendinner mitten auf der bei Palmesanern beliebten Plaça del Mercat. Auf die Teller kommen mallorquinische Tapas, Gemüse, Salate, Pasta, Fisch, Miniburger und Secreto-Iberico-Tapas zum Teilen – sowie eigener La-Malvasía-Wein.

lamalvasiamallorca.com

SIMPLY SON BRAHO

Direkt von der Farm in Alaró und anderen Bioproduzenten aus Mallorca stammt ein Großteil der Produkte dieses Deli mit viel Platz zum Arbeiten, Freundetreffen und Genießen. Diverse Salate, Quiches und Suppen, Currys, Brote, Kuchen – alles durchweg schmackhaft und frisch zubereitet.

simplysonbraho.com

SA PLACETA

Auf einem der ruhigsten Plätze inmitten Palmas findet sich diese unprätentiös stimmungsvolle Restaurantterrasse mit Zero-Kilometer-Küche im Ottolenghi-Stil wie Reis mit Sobrasada und Tintenfisch oder Biolamm mit Pastinaken. Besonderer Fokus auf Naturweine.

saplaceta.com

BADAL CORNER

Die besten Burger der Insel gibt es bei „Badal Corner" am Mercat de l'Olivar. Großartig in Geschmack und Textur. Etwa der „Unsomni blau" – Rindspatty mit Gorgonzola, Balsamico-Früchten, Bacon, Senfcreme, Rucola und Walnusskrokant. Vegane und Spezial-Optionen mit Wagyu-Fleisch aus Santa Maria del Camí.

badalcorner.com

URBÀ

Das Bistro des „El Llorenç Parc de la Mar" bietet beste Blicke von der Dachterrasse auf die Bucht von Palma sowie geniale Teller zum Teilen wie gegrillten Oktopus mit Artischocken und Ras-el-Hanout-Butter oder Kaninchen-Zwiebel-Sandwich mit Kimchi-Mayonnaise.

restauranturba.com

FERA

Den romantischsten Garten Palmas sowie exzellent kuratierte Kunst bietet das „Fera". Das Inhaberpaar Levy sorgt für Atmosphäre und Interieur, Partner und Chef Simon Petutschnig vereint gekonnt lokale Produkte mit asiatischen Aromen.

ferapalma.com

LA ROSA VERMUTERIA

Über 20 Sorten Wermut, dazu Tapas vom Feinsten und edle Fischkonserven vom Festland: Im „La Rosa Vermuteria" herrschen authentische, spanische Küche sowie viel Stimmung und Herzlichkeit. Unbedingt reservieren.

larosavermuteria.com

SCHLAFEN

NOBIS HOTEL

Die Geschichte des maurischen Palastes, den sich die schwedische Hotelgruppe als zweiten Sitz in Palma ausgesucht hat, reicht bis ins 12. Jahrhundert zurück. Wingårdhs innen und Jordi Herrero und Eduardo Garcia Acuna außen haben 37 Zimmer, Sonnenterrasse, Spa, Restaurant „Noi" und Bar gestaltet.

nobishotel.es

CAN CERA

Per Klingel geht es in diesen Palast mit Kassettendecken und Kunst von Adriana Meunié und Jaume Roig. Mehrere Wohnzimmer, zwei Bars, ein Restaurant und lediglich 14 Zimmer, alle individuell groß, verleihen das Gefühl, in einem Private-Members-Club statt im Hotel gelandet zu sein.

cancerahotel.com

PORTELLA

Der Altstadtpalast aus dem 17. Jahrhundert gehörte einst dem spanischen Maler Joaquin Torres Ladó. Enrique Miro-Sans vom „Casa Bonay" in Barcelona hat ihn mit Design von Festen aus Paris, 14 Suiten, Gym, Massage, Hamam, À-la-carte-Frühstück bis 13 Uhr und VIP-Service grandios neu zum Leben erweckt.

portellapalma.com

SANT FRANCESC

Vor zehn Jahren hat Familie Soldevila Ferrer („Majestic Hotels") aus Barcelona den 1881 erbauten Altstadtpalast gekauft. An fünf Meter hohen Wänden hängen Fotografien von Barbara Vidal, Treppen und Türen sind im Original erhalten, dazu gibt es 42 Zimmer, Gym und eine auch bei Einheimischen beliebte Rooftop-Bar.

hotelsantfrancesc.com

PORTIXOL HOTEL

Mit Ferngläsern sind die 25 Zimmer des „Portixol" ausgestattet – für den gezielten Blick über Meer und Hafen, an dem es liegt. Die Schweden Michael und Johanna Landström haben das 1956 erbaute Boutiquehotel mit nordischem Design sowie Restaurant auf der Terrasse mit Pool zum Szene-Hotspot gemacht.

portixol.com

CAN BORDOY GRAND HOUSE & GARDEN

Das Altstadtpalais aus dem 16. Jahrhundert bietet 24 bis zu 80 Quadratmeter große Suiten in Samt- und Velvet-Tönen mit Vintage-Möbeln und barocken Spiegeln, die Flachbildschirme beinhalten. Butler-Service, Spa, größter Privatgarten der Stadt, Plant-forward-Restaurant „Botanic" und von Besitzer Mikael Hall mit viel Gespür gesammelte Antiquitäten gibt es noch dazu.

canbordoy.com

TARDEO

Aus Katalonien importiert, machen die „Tardeos" besonders für Eltern Sinn, deren Kinder früh aufstehen. Diniert wird schon zum Lunch, dann folgen Drinks und Party in den Clubs von Santa Catalina, die dafür von 16 oder 18 bis 21 oder 23 Uhr öffnen.

@tardeo_palma

FUNDACIÓ MIRÓ MALLORCA

Neben dem zeitgenössischen Kunstmuseum „Es Baluard" und dem stadthistorischen im Castell de Bellver lohnt sich auch der Besuch der „Fundació Miró" in Cala Major, in der unter anderem das nach dem Tod unberührte Atelier des berühmten Künstlers Joan Miró zu sehen ist.

miromallorca.com

LA LONJA

Der ehemalige Sitz der Seehandelsbörse „La Lonja de los Mercaders" ist ein beeindruckendes gotisches Artefakt, das nach dem Niedergang des Seehandels als Kanonenfabrik, Gerichtsgebäude und Museum für Malerei und Archäologie fungierte. Heute der beste Ort, um Ruhe, Geschichte und Kunst zu inhalieren – bei einer der regelmäßigen Ausstellungen.

illesbalears.travel

HAFEN VON PALMA

Im Mittelalter war er einer der bedeutendsten Häfen der Welt. Ein Spaziergang oder eine Radtour entlang des Paseo Maritimo, von der alten Mole Moll Vell, wo noch heute die „Llaüts" ablegen, über die hochmodernen Jachthäfen Real Club Nautico und Club de Mar bis zum Kreuzfahrtanleger und Industriehafen ist immer noch ein eindrückliches Erlebnis.

portsdebalears.com

MERCAT DE PERE GARAU

Auch wenn der Mercat de Santa Catalina und der Mercat de l'Olivar zweifellos zu den schönsten Markthallen der Insel zählen, so finden sich auf dem Mercat de Pere Garau die gleiche Qualität der Produkte, jedoch weniger Touristen und faire Preise.

mercatperegarau.es

CACHAO

Patissier Tino Wolters, der einst im „Hugos“ und der „Werkstatt der Süße“ in Berlin gearbeitet hat, hat vor zehn Jahren sein eigenes Schokoladengeschäft mit Produktion in Santa Catalina eröffnet. In Boutique-Atmosphäre verkauft er hier vegane, glutenfreie Tafeln wie „Meersalz“ oder „Aprikose und Lavendel“.

cachao.eu

ASSAONA BEACH CLUB

Zwischen Zentrum und dem Fischerdorf Portixol gelegen, ist der „Assaona Beach Club“ einer der wenigen Palmas. Toll für Familiennachmittage in den Liegestühlen am Ende des Platja de Can Pere Antoni, dem einzigen Stadtstrand, sowie Brunch, Dinner und Party mit kulinarischem Anspruch.

assaona.com

BAR LA SANG

Die „Bar La Sang“ war die erste Naturwein-Bar der Insel, eröffnet von Eritrea, Pärnilla, Stefan und Lukas Lundgren im Jahr 2019. Der Spaß einheimischer und ausländischer Fans zwang zum Umzug an die Carrer Antonio Fronteras 22, Seele und Super-Snacks wie Kaninchen-Rilette sind geblieben.

lundgrenwines.com

ABA ART LAB

Die Schwestern Alejandra und Maria Isabel Bordoy Bennàsar waren eine der Ersten, die sich lokaler Kunst widmeten. Mittlerweile ein international tätiges Ausstellungs-, Kurations- und Produktionsunternehmen, ist ihre Galerie für zeitgenössische Kunst in Palma nach wie vor zu besichtigen.

abaart.com

CAIXA FORUM

Schon das Gebäude an sich ist sehenswert: Das ehemalige „Gran Hotel“ an der Placa de Weyler ist ein Beispiel des Modernisme des katalanischen Architekten Lluis Domènech i Montaner. Aber auch die Ausstellungen lohnen, wie die von Hermen Anglada-Camarasa.

caixaforum.org

MALLORCA ME SUENA

Vor rund 15 Jahren gründete Violinistin Nina Heidenreich mit Martin Breuninger eine musikalische Veranstaltungsreihe auf Mallorca. Ob in der Bodega „Macia Batle“ in Santa Maria, im Hotel „Ca'n Bonico“ in Ses Salines oder im „Convent de la Missio“ in Palma – hörenswerte Kammerkonzerte in besonderem Ambiente.

mallorcamesuena.com

VON PORTALS BIS PEGUERA

LIFESTYLE, SPORT UND STIL IN SÜDWEST

Sie ist die reichste Gemeinde Mallorcas: Calvià. Zwischen dem westlichen Ende Palmas und den östlichen Ausläufern der Tramuntana rund um Andratx bringen Gästebetten das meiste Einkommen, gibt es das größte Angebot an Attraktionen auf engstem Raum, vom Delphinarium und dem Casino über vier Golfplätze, 20 Strände, mehrere Museen, Freizeitparks, Sportclubs bis hin zu einer der teuersten Wohngegenden, Son Vida, und den Jachthäfen wie Port Adriano oder Puerto Portals – der einem Deutschen zu verdanken ist. Anfang der 1980er-Jahre hatte der Industrielle Klaus Graf genug vom spartanischen Service rund um sein Motorboot, das in Palma ankerte, und beschloss, selbst für einen entsprechend formvollendeten Hafen zu sorgen. Das war die Geburtsstunde von Puerto Portals, 1986 eröffnet und mittlerweile mit Cannes, Monaco und Port Cervo einer der bekanntesten Ankerpunkte des mediterranen Jetsets – sowie Symbol des von Luxus geprägten Tourismus im Südwesten Mallorcas. Puerto Portals ist Zentrum von Edelboutiquen, Cafés und Restaurants, Superjacht- und Luxus-Immobilienbüros, Benefiz-Events, der Oldtimerrallye „Isla Mallorca“ im März sowie einem der schönsten Weihnachtsmärkte der Insel.

DAS „YARA" IN PUERTO PORTALS

WIEDERBELEBUNG EINER KULINARISCHEN INSTITUTION

In den gourmetgeschichtsträchtigen Räumen des ehemaligen, einst von Eckart Witzigmann kulinarisch in den Olymp gekochten „Tristan" im Jachthafen Puerto Portals im Südwesten herrschen nach einer langen Phase der Ruhe- und Bedeutungslosigkeit wieder Leben und Genuss. Die Besitzer des „Fera" in Palma, Sheela und Ivan Levy mit Küchenchef Simon Petutschnig, haben das zuletzt als „Baiben" betriebene Restaurant innerhalb von nur knapp drei Monaten in eine sowohl optisch als auch kulinarisch ihr Versprechen haltende Trenddestination verwandelt. Im „Yara Portals" gibt es asiatisch-mediterranes Cross-over teils vom Robata-Grill mit Gerichten wie Duroc-Schweinerippen mit koreanischer BBQ-Sauce oder Sushi vom Miyazaki-Wagyu und Kaviar umhüllt von einem knusprigem Nori-Blatt – eine Textur- und Geschmacksvollendung aus Schmelz, Crunch, Nuss- und Jodigkeit. Dazu einen direkten Blick auf die Jachten des Luxushafens, und das alles im Feng-Shui-Design von Sheela Levy aus dunklen, grauen und grünen Naturtönen an edlen Materialien auf Mahagoniböden gepaart mit lokalen Mustern wie den mit dem typisch lokalen Zungenstoff bezogenen Stühlen. Mit Bastian Schweinsteiger, Johann Lafer und Rainer Becker war bereits eine Bandbreite an bekannten Genießern in den ersten Wochen vor Ort – Letzterer mit den Worten, dass das „Yara" seinem „Zuma" ernsthaft Konkurrenz machen würde. Neu seit diesem Jahr ist auch der Private-Members-Genießer-Club im eine Etage höher gelegenen, mit modernstem Design und Technik ausgestatteten Private-Dining-Bereich des „Yara Portals". Inklusive Chefs-Table-Nutzung, Winzerabenden, Kochkursen, Aperitif auf der vor dem Yara gelegenen Jacht „Pearl" sowie Picknickkörben für die eigene Jacht.

yarapuertoportals.com

PIERCE BRODERICK BRACHTE „JOHN TAYLOR“ NACH MALLORCA

MEET THE MAKLER

Das Portal zum 13,5-Millionen-Euro-Anwesen ist kaum durchschritten, da weiß der Klient bereits, dass hier schon im 13. Jahrhundert die ersten Häuser standen und dass schräg hinter einem das derzeit teuerste Anwesen der ganzen Insel thront. 65 Millionen Euro Verkaufspreis, die Villa Solitaire. Wer den harten und noch immer erstaunlich unregulierten Wettbewerb im Immobilienmarkt Mallorcas kennenlernt, hat Glück, wenn er auf Pierce Broderick trifft. Seit 30 Jahren kennt der Ire die Insel, er startete hier seine Karriere bei Engel & Völkers, für die er schnell global tätig wurde – und machte sich vor sechs Jahren, zurück in Palma, selbstständig. Mit der ersten John-Taylor-Lizenz auf den Balearen, jener Agentur, die in Südfrankreich vor 160 Jahren als eine der ersten weltweit den Luxusimmobilienmarkt bediente. Sechs Schlafzimmer, sieben Badezimmer auf 1.235 Quadratmetern und drei Etagen, Innen- und Außenpool, Gym, Weinkeller, Autolift, Garage für drei Autos und Panoramablick auf die Bucht von Palma inklusive zeigt Pierce heute. Plus voll möbliertes Design von Terraza Balear. Dazu drei Golfplätze, zwei Fünfsternehotels, die unmittelbare Nähe zu den meisten internationalen Schulen und 24 Stunden Sicherheitsdienst: Annehmlichkeiten von Son Vida, dem „Beverly Hills“ Mallorcas. Besonders Amerikaner würden hier gerade investieren, erzählt Pierce, und dass die Nachfrage für ab fünf Millionen Euro aufwärts stetig steige. Infrastruktur, Erreichbarkeit, die neue mobile, digitale Welt, das Ganzjahresleben und die Vielfalt Mallorcas seien der Grund. Ob moderne Neubauvilla mit Meerblick in Son Vida und Port d'Andratx, das kosmopolitische Leben in Palma, die völlige Anonymität der großen Anwesen entlang der Westküste, die Boheme Sóllers, die Familien-Urlaubsorte im Norden oder der zweite Hamburger Hügel mit Stadthaus und Reitanlage in Santanyí im Osten – hier bediene man fast alle Ansprüche. Ob Mallorca bald das zweite Saint-Tropez, Monaco, Miami wird? „Besser“, sagt Pierce Broderick, „weil authentischer.“

john-taylor.es

MALLORCA DESIGN DISTRICT

Blöcke aus Beton, Stahl und Eisen, große Hallen teils aus Wellblech, fünf Minuten von Santa Ponça entfernt. Die Straßen schachbrettartig angelegt, ein Laster nach dem anderen brummt durch die Querverbindungen, große Schilder leiten den Weg. Und dann, in der letzten Straße dieses Industriegebiets namens Son Bugadelles, bevor der Gast wieder Richtung Autobahn Andratx–Palma flüchtet, macht ein mit Efeu überwachsenes, von Olivenbäumen und Blumen gerahmtes, modernes Gebäude stutzig. Ein großes „C" aus Eisen thront vor dem Eingang, innen im „The Circle" warten Designermobiliar, Kunst und modernste Büros, Konferenzräume und offene Bereiche voll Licht und Energie, ein grüner, mit Street-Art dekorierter Innenhof – sowie Mariana Chacon. Wer den neuen „Mallorca Design District" verstehen will, kommt an Mallorcas Netzwerkerin Nummer eins sowie seinem Gründungsort nicht vorbei.
Vor zwei Jahren wurde diese vom Stadtrat von Calvià unterstützte, private Initiative gegründet. Sie soll die Unternehmen, die ihren Sitz in Son Bugadelles haben, vereinen, das Gebiet mit Bezug auf Mallorca und den Mittelmeerraum neu gestalten und positionieren, ganz nach dem Vorbild eines „22@" in Barcelona oder dem „Miami Design District". Aus dem Industriegebiet wird gerade ein Stadtteil mit regelmäßigen Veranstaltungen, in dem Design, Einkauf und Lifestyle im Mittelpunkt stehen. Getragen von seinen Mitgliedern wie dem Interieur-Design-Unternehmen Terraza Balear, dessen Eigentümerin Mariana Muñoz die Präsidentschaft des MADD innehat, sowie Durán, Knox, Grupo Ferrá, Instyle Living, Engel & Völkers, Domus Vivendi, Senso, Yes we bike, Gallery Red und Lionsgate Capital. Und von Menschen wie Mariana Chacon, die von Beginn an im Vorstand sitzt. „Ich freue mich sehr, dass die Idee und das Konzept, das am Anfang von einigen wenigen Unternehmern unterstützt wurde, nun von mehr als 30 Mitgliedern sowie dem Rathaus von Calvià verwirklicht wird."

mallorcadesigndistrict.com

MARIANA CHACON ENGAGIERT SICH IM VORSTAND DES MADD

DIE STATUEN SIND DEN BEKANNTESTEN SPIELERN DES MALLORCA COUNTRY CLUB GEWIDMET

BESUCH BEI DEN BESTEN

4.000 Gäste scharen sich um den Centre-Court, wenn Novak Djokovic, Stefanos Tsitsipas, Nick Kyrgios, Daniil Medwedew und Lokalmatador Rafael Nadal bei den ATP Mallorca Championships im Juni antreten. Es ist eines der größten Sportereignisse der Insel, hier im Mallorca Country Club. Der Club, der im Herbst 2021 von Prinz Albert II. von Monaco eröffnet wurde, in dem neuerdings eins der weltweit nur 60 ATP-Turniere veranstaltet wird und wo Sabine Lisicki, Carlos Moya, Jürgen Klopp und Novak Djokovic zu den Ehrenmitgliedern zählen, wird seine Superlative in den kommenden Jahren noch erweitern. Zu den sechs Wimbledon-zertifizierten Rasen-, fünf Sand-, einem Hart-, drei Padel- und zwei Pickleball-Plätzen sollen noch weitere 15 errichtet werden. Ein Kids Club kommt, Betreiber Manfred Weindorfer verhandelt gerade den Kauf des Clubs, und sobald 300 Mitglieder erreicht sind, wird der Mallorca Country Club zum Members Club only. Dann dürfen nur noch die Mitglieder Lokalmatador Rafael Nadal beim Training beobachten, der sich hier – und nicht in seinem eigenen Club in Manacor – auf seine Rasenturniere vorbereitet.

mallorcacountryclub.es

SANDRA LIPSKI UND DAS „EVOLUTION MALLORCA FILM FESTIVAL“

Als sie neun Jahre alt war, zog Sandra Lipski mit ihren Eltern von Berlin nach Santa Ponça. Heute ist sie eins der besten Beispiele einer deutschen Auswanderin auf Mallorca. Weil sie zurück in ihre zweite Heimat kehrte – und ein großes, kulturelles Geschenk mitbrachte. Zum Studium – Film und Produktion – ging sie einst nach Los Angeles. Ihr Abschlussfilm schaffte es auf die Leinwände diverser Festivals, jedoch nicht nach Mallorca. Weil es auf der Baleareninsel noch keine solche Veranstaltung gab. „Das musste sich ändern“, sagt Sandra Lipski, fröhlich, gut gelaunt, so wie immer, wenn man ihr begegnet. 2012 begann sie, das „Evolution Mallorca Film Festival“ aufzubauen. Zu Beginn waren es zwei Tage und 20 Filme, die gezeigt wurden. „Ich habe nicht wirklich gewusst, was ich da tue“, sagt sie. Rund zehn Jahre später sind es sieben Tage, 140 Filme, zwei Oscargewinner als Ehrengäste, internationale Partner und Sponsoren, 300 akkreditierte Filmemacher und Journalisten sowie 4.000 Gäste vor Ort und 10.000 weitere online vor den Bildschirmen. „So langsam sind wir auf der Filmfestival-Bühne der Welt angekommen“, sagt Sandra Lipski bescheiden. Sie lebt mit ihrem Mann und der gemeinsamen Tochter in Los Angeles im Winter und im Sommer auf Mallorca. Wieder in Santa Ponça, dem Ort, wo sie ihre Kindheit verbracht hat. Hier im Südwesten herrsche das beste Wetter, sagt sie – „und die beste Mischung aus Einheimischen und Zugezogenen“.

evolutionfilmfestival.com

SANDRA LIPSKI STAMMT AUS BERLIN UND LEBT ZWISCHEN MALLORCA UND LOS ANGELES

TIPPS

ESSEN

ES FUM

Costa d'en Blanes

In drei verschiedenen Tasting-Menüs zeigt Sternekoch Miguel Navarro, was er bei Martín Berasategui und Sven Elverfeld gelernt hat – und wie er das mit seinen kanarisch-mallorquinischen Wurzeln kombiniert. Dazu kommen wohlkuratierte Weinauswahl, edel feminines Design, lokale Kunst.

restaurant-esfum.com

MESÓN CA'N PEDRO

Génova

Zu Recht eins der beliebtesten traditionell mallorquinischen Restaurants der Insel. Rustikale Einrichtung, nostalgisch männlich dominiertes Personal, große Terrasse und hauptsächlich Fleisch, was auf riesigen Platten an die Tische schwebt. Tipp: heißen Stein zum Selbergrillen bestellen.

canpedro.es

YARA

Puerto Portals

Luxusprodukte wie Kaviar, Wagyu und Duroc, Feng-Shui-Design zu direktem Blick auf den Jachthafen und ein Koch, der sein Handwerk versteht. Simon Petutschnig und das Inhaberpaar Levy haben nach dem „Fera" eine weitere Trenddestination geschaffen.

yarapuertoportals.com

ADELFAS BY JENS

Nova Santa Ponça

Jens Bräuning hat unter anderem im „Lila" in Portals gearbeitet, in seinem Restaurant mit grüner Terrasse im Wohngebiet bringt der gebürtige Hesse französisches Handwerk mit spanischen Produkten und kreativen Techniken aus Asien auf die Tische, um die sich Frau Nicole gekonnt charmant kümmert.

adelfas-restaurant.com

SCHLAFEN

CASTELL SON CLARET

Es Capdellà

Ein Schloss aus dem 19. Jahrhundert, 130 Hektar Land in idyllischer Abgeschiedenheit, behutsam elegantes Design und edle Ausstattung, die Open-Air-Konzertreihe „Castell Classics“ und ein Spa mit beheiztem Innenpool: Christine und Klaus-Michael Kühne haben am Fuß des Puig de Galatzó einen verlässlichen Klassiker kreiert.

castellsonclaret.com

ZAFIRO PALACE ANDRATX

Camp de Mar

Als Letztes der Zafiro-Gruppe eröffnete das „Zafiro Palace“ in Camp de Mar mit 304 Suiten mit Rooftop-Minipools, fünf Restaurants, Livemusik und einer Lage direkt neben dem 18-Loch-Golfplatz Andratx.

zafirohotels.com

KIMPTON AYSLA

Santa Ponça

Es ist das einzige „Kimpton“-Resort in Europa, das 2022 nahe des Country Clubs in Santa Ponça eröffnet hat. 79 Zimmer, vom Aba Art Lab kuratierte Kunst, skandinavisches Design mit mediterranen Elementen, riesiger Spa mit Cavige-Paris-Kosmetik und ein mit Cybex-Geräten ausgestatteter Gym.

ihg.com/kimptonhotels/hotels/de/de/aysla-mallorca-spain

ERLEBEN

RIB CLUB

Puerto Portals

Jederzeit mit dem Boot hinausfahren, ohne sich um Wartung oder Kauf kümmern zu müssen? Der RIB Club ist ein Private-Members-Club, der genau dies offeriert. Die RIBs liegen in Puerto Portals, Club de Mar, Club de Vela de Puerto de Andratx, Club Naútico Santa Ponça, Marina de Bonaire, Alcudiamar – gebucht und kommuniziert wird per App.

ribclub.com

SAILING JONA

Santa Ponça

Individuell zugeschnittene Bootstouren mit Barbecue, Badepause, Schwimm- und Tauchzubehör sowie auf Wunsch Partymusik bietet Familie Bauers an. Auf ihrer „Lagoon 380 S2“ von 2005, einem Fahrten-Katamaran, der in der Bucht von Santa Ponça ankert und je nach Wunsch diverse Routen und Badebuchten ansteuert..

sailingjona.com

SA ILLETA

Camp de Mar

Schauplatz diverser Filme und Serien wie Pierce Brosnans „A Long Way Down“ oder des Netflix-Hits „White Lines“: Das Chiringuito „Sa Illeta“ liegt direkt im Meer vor Camp de Mar und ist entweder per Steg vom Strand oder per Boot zu erreichen. Gegrillter Fisch und dem Ort gebührend ganz viele Paellas.

illeta.com

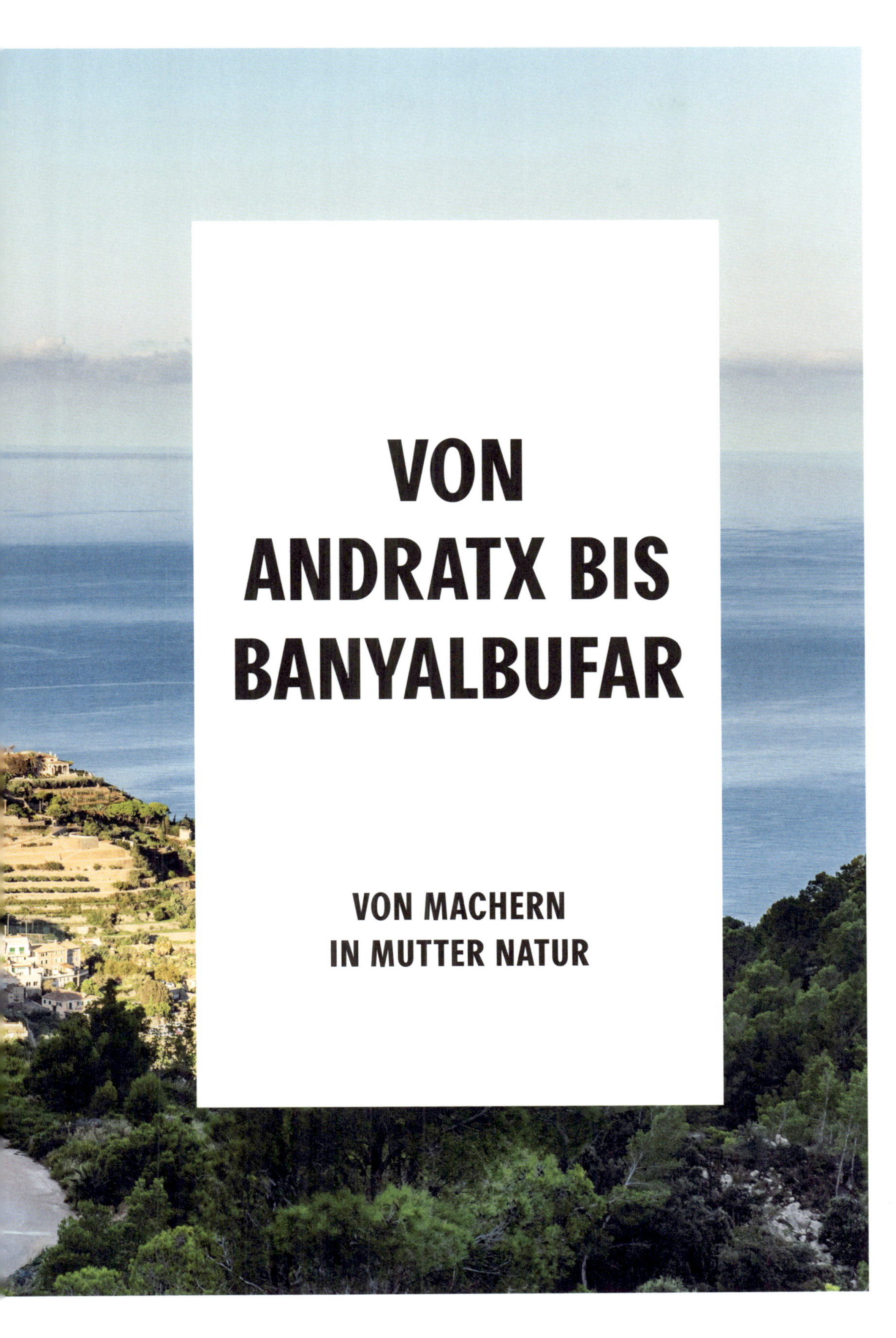

VON ANDRATX BIS BANYALBUFAR

VON MACHERN IN MUTTER NATUR

Es gibt sie noch, die Orte auf Mallorca, die einem mit der Schönheit ihrer Natur den Atem rauben. So am westlichsten Punkt Mallorcas, vom Dorf Andratx und seinem Hafen Port d'Andratx über Sant Elm bis zu der vor ihr gelegenen Insel „Sa Dragonera", wo die Ausläufer der Tramuntana geschmeidig ins Meer tauchen. Die Geschichte von Andratx reicht bis ins 13. Jahrhundert zurück, zum Schutz vor Piratenangriffen wurden die Verteidigungsanlagen rund um die Siedlungen bis ins 16. Jahrhundert immer weiter ausgebaut. Heute ist es ein beliebter Wohnort, mit den höchsten Immobilienpreisen der Insel rund um seinen Hafen, wo die Villen in die Hänge der Berge gebaut sind und entweder in Richtung Naturschutzgebiet und „Dracheninsel" oder in Richtung Dorf und Port d'Andratx ausgerichtet stehen. Entlang der C-710 geht es an der Küste weiter Richtung Nordwesten der Insel, wo kilometerweit unberührte Landschaft die Berge der Tramuntana mit dramatischer Steilküste und dem Meer vereint. Das UNESCO-Weltkulturerbe reicht von hier bis zum Cap Formentor im äußersten Nordosten der Insel, mit gleich mehreren Bergen über der 1.000-Meter-Grenze.

Bergdörfer von wilder Schönheit, Estellencs und Banyalbufar, über Jahrhunderte geformte Felsbuchten, Olivenbäume, Ginster, Kiefern, Steinterrassen in Trockenbauweise und atemberaubende Aussichten auf die bombastischen Blautöne des Meeres, das am Horizont mit dem Himmel eins zu werden scheint. Es ist der raue, wilde Teil Mallorcas, der den Besucher hier erwartet und der sich seit Jahrzehnten dem Massentourismus entgegenstemmt. Statt überfüllter Strände und großer Resorts herrschen hier luxuriöse Fincas, charmante kleine Hotels, die besonders Wanderer und Radfahrer anziehen, vor.

NEUER LUXUS AUF TERRASSEN

Sir Richard Branson hat sich einen Teil dieser westlichen Naturgewalt Mallorcas gesichert. Über 20 Jahre hat der Virgin-Group-Gründer an der Finca „Son Bunyola" aus dem 16. Jahrhundert mit 1.300 Hektar Land gefeilt, bevor er sie Mitte Juni 2023 als Hotel eröffnen konnte. Kauf, Kummer mit Lizenzen, Verkauf und schließlich Rückkauf und aufwendige, der Natur und Historie angepasste Renovierung liegen dazwischen. Nun erstrahlt „Son Bunyola Hotel & Villas" mit 26 Suiten in der Hauptfinca sowie drei weiteren, zeitgenössisch elegant designten Villen inmitten von Wald, Weinreben, Obst- und Mandelbäumen, mit fünf Kilometern Küste und dem spektakulärsten Meerblick der gesamten Insel in Richtung Sa Foradada in neuem Glanz. Komplett abgeschirmt von Öffentlichkeit und Bausünden, ein Unikat in dieser Gegend. Und: „Ein Traum, der wahr geworden ist", wie Branson sagt. Um die Küche der zwei Restaurants „Sa Terrassa" und „Sa Tafona" kümmert sich Brenda Lisiotti. Dazu kommen ein Fitnessstudio im Freien, ein 28 Meter langer Außenpool, Aqua-Bikes, Pickleball- und Tennisplätze, kilometerlange Wander- und Radwege sowie Werke von Cecilie Sheridan, Arturo Rhodes und David Templeton. Die Preise beginnen bei 600 Euro pro Nacht und Zimmer.

virginlimitededition.com/en/son-bunyola

DAS CENTRO CULTURAL IN ANDRATX, KURZ „CCA" GENANNT

EIN KUBUS VOLLER KUNST

Der Weg führt von Hafen und Dorf Andratx weg Richtung Nordosten, auf einer Bergstraße, die sich nach Estellencs und Banyalbufar windet. Ein wenig Wüstencharakter herrscht hier, an den Ausläufern der Tramuntana, zumindest an den heißen Tagen. Und da, mitten im Sand, so scheint es, steht ein 4.000 Quadratmeter großes, rechteckiges, mild terrakottafarben getünchtes Gebäude, im mallorquinischen Stil vor rund 20 Jahren von den jetzigen Eigentümern erbaut. Von Palmen umgeben und einem Säulengang plus Brunnen im pittoresken, viereckigen Patio geprägt. Durchatmen, auf sich wirken lassen. Hier haben sich zwei Galeristen aus Kopenhagen, das dänische Ehepaar Patricia und Jacob Asbæk, ihren Traum von einem Kunstlabor erfüllt und es „Centro Cultural Andratx" getauft. Museum, Galerie, Shop, Café und vier Ateliers für monatlich wechselnde Artists in Residence gehören dazu. Hier wird Kunst nicht nur gezeigt und verkauft, sondern kreiert. Mehr als 800 Künstler von Andrew Jilka über Christof John bis zu Hanakam & Schuller waren bislang zu Gast. Der Inselcharakter, das Gefühl, weit weg und entrückt zu sein, gebe vielen neue Inspiration, sagt Patricia Asbæk. So wie Mallorca auch ihnen die Idee für diesen Kubus voller Kunst, diesen Ort der Ruhe und Inspiration geschenkt hat. Ihre drei mittlerweile erwachsenen Söhne haben sich ebenfalls für ein Leben mit der Kultur entschieden. Martin ist Galerist in Kopenhagen, Thomas Kunstberater und Pilou Schauspieler, unter anderem aus „Game of Thrones" bekannt. Sieben Enkelkinder zählen zur Familie. Bleibt zu hoffen, dass eins von ihnen Werk und Wirken der Asbæks auf Mallorca fortführt.

ccandratx.eu

MALLORCAS ERSTE REBEN

Steinterrasse auf Steinterrasse stapelt sich den Berg hinauf. Sattgrün leuchtet der Hang mit seinen Reben dazwischen, ganz oben thront eine Finca im Cremeton mit weinroten Fensterläden und großen Rundbögen auf der Terrasse über der Steilküste, und weit draußen scheint ein azur- und kobaltblaues Gemisch die Grenze zwischen Horizont und Meer zu verschlucken.
Willkommen auf Ca'n Pico, dem majestätischen Herrenhaus am Rande Banyalbufars. 1986 kaufte Gabriel Cànaves Picornell das Anwesen in seinem Geburtsort, das er seit seiner Kindheit bewunderte. Er errichtete es neu und kurierte mit Unterstützung der Regierung die Malvasía-Reben, die es umgeben und die die Westküste einst als erste Traube der Insel prägten. Bevor sie ab 1891 der Reblaus zum Opfer fielen. Seit 2006 gibt es wieder gesunden Malvasía-Wein bei Gabriel, seinem Winzer Joan Tomàs Font und seiner Familie – vier Kinder und zehn Enkel hat er inzwischen – auf C'an Pico, wo er die Wochenenden verbringt und wo die Traube auf einem Hektar wächst und vor Ort zu einem frisch-fruchtbetonten Jahrgangswein voller Aromen von Zitrone, Grapefruit, Kokosnuss und Ananas gekeltert wird. Rund 10.000 Liter pro Jahr erzeugen sie, verkauft wird der Wein privat – und der Großteil geht an das Restaurant „La Malvasía", das seit 2021 zur Familie gehört. Gabriel hat es seiner Victoria, die er 2019 bei Meliá kennenlernte, geschenkt. Ein kleines, sehr elegant eingerichtetes Restaurant in Rot- und Beigetönen plus traumhaft offenem Terrassenbereich inmitten Palmas, an der Plaça del Mercat, in dem Victoria ihren Stil, ihre Küche, ihre Playlist, „ihre Seele" einbringt. Auf die Teller kommt nur, was sie und Gabriel auch gern essen, mallorquinische Tapas, Eierspeisen, Gemüse und Salate, Pasta, Fisch, Miniburger und Tacos mit Secreto Iberico zum Teilen, Letztere sind das populärste Gericht aus der qualitativ hochwertigen, schmackhaften Comfort-Food-Küche des „La Malvasía", in dem Victoria jeden Tag selbst steht und schafft. „Es ist mein erstes Baby", wie die 48-Jährige, die ihrem Mann vor einem Jahr noch ein viertes Kind – Gabriella – schenkte, glücklich grinsend sagt.

lamalvasiamallorca.com

AUF C'AN PICO IN BANYALBUFAR IST DIE MALVASÍA-TRAUBE ZURÜCKGEKEHRT

TIPPS

ESSEN

SON TOMÀS

Banyalbufar

Seit mittlerweile 40 Jahren sorgt Familie Funkel-Picornell durchgängig gut für ihre Gäste. Mit cremig-knackigen Salaten, Paella voller Meeresfrüchte, frischem Fisch und Blick direkt auf das Meer vor den Terrassen Banyalbufars.

@rest.sontomas

OLIU

Port d'Andratx

Nicht direkt im Hafen, dafür aber garantiert keine Touristenfalle. Was Koch und Inhaber Joan Porcel Balaguer serviert, ist klassisch mediterran im modernen Gewand, schmeckt, kommt zum Teil aus dem eigenen Biogarten in Andritxol und ist fair kalkuliert.

oliu.es

CAN BABILONI

S'Arracó

Mit drei Tischen fing der bretonische Inhaber und Koch im kleinen Dorf S'Arracó zwischen Andratx und Port d'Andratx an, mittlerweile strömen die Gäste zum frischen Angebot an Fisch und Meeresfrüchten, um sie auf der großen Terrasse zu genießen.

@restaurante_can_babiloni

SCHLAFEN

SON BUNYOLA HOTEL & VILLAS

Banyalbufar

Über 20 Jahre hat Sir Richard Branson an seinem „Son Bunyola" mit 1.300 Hektar unberührtem Land an der Westküste gefeilt. Nun erstrahlen 26 Suiten in der Finca aus dem 16. Jahrhundert sowie drei weitere, elegant designte Villen inmitten von Wald, Wein, Obst- und Mandelbäumen, alle mit spektakulärem Meerblick.

virginlimitededition.com/en/son-bunyola

MARISTEL

Estellencs

Noch ist es das wenig bekannte Dorf im Westen: Estellencs, zwischen Andratx und Banyalbufar gelegen. In der Ausgewogenheit des Meeres und der Berge liegt dieses Viersternehaus, ausgestattet mit viel Holz und Leinen, mit Garten, Terrasse, Restaurant und Innenpool, Sauna und Hamam.

maristelhotel.com

CA MADÒ PAULA

Banyalbufar

Schlichte und rustikal eingerichtete vier Zimmer mit unschlagbarem Meerblick bietet dieses Dreisterne-Boutiquehotel mitten in Banyalbufar. Sowie den Charme des renovierten Gutsherrenhauses mit originalen Holzbalken und Steinmauern in Trockenbauweise.

hotelcamadopaula.com

ERLEBEN

LA TRAPA

Sant Elm

Gute fünf Kilometer sind es von Sant Elm bis nach „La Trapa". Und schon der Weg zur Ruine des Klosters von 1810 belohnt mit Traum-Aussicht auf die Bucht Cala en Basset sowie final mit dem Blick auf die vor Sant Elm gelegene „Dracheninsel" Sa Dragonera.

STUDIO WEIL

Port d'Andratx

Kein Geringerer als Architekt Daniel Libeskind konzipierte das Studio von Barbara Weil in Port d'Andratx. Das frei stehende zweistöckige Gebäude beherbergt ihre Skulpturen und Gemälde und kann auf Anfrage besichtigt werden.

studioweil.com

TORRE DE SES ANIMES

Banyalbufar

Auf dem Weg von Banyalbufar nach Andratx liegt kurz nach dem Dorfausgang der Wachturm „Torre de Ses Animes". Direkt an der Küstenstraße Ma-10, 250 Meter über dem Meer. Eine Eisenleiter im Inneren führt zu unvergleichlichen Blicken entlang der Westküste bis zur „Dracheninsel" Sa Dragonera.

CAMÍ DE SA VOLTA DES GENERAL

Banyalbufar

Die Mischung aus ungesicherter Steilküste auf der einen Seite und rötlich gefärbten, dramatischen Klippen auf der anderen macht diesen Wanderweg zu einem sehr besonderen, aber leicht zu bewältigenden. Der Weg führt in eineinhalb Stunden von Banyalbufar bis zum authentischen Fischerhafen Es Port des Canonge.

VON VALLDEMOSSA BIS DEIÀ

LICHT, LEUTE, LEBENSKÜNSTLER

Steile, schroffe Klippen, von Serpentinen durchzogen; wilde, raue Natur, vereinzelt Bergfincas, Terrassen mit atemberaubendem Blick wie Perlen entlang der Küste: Wo Horizont und Meer verschmelzen, das Licht ein anderes zu sein scheint, im Herzen der Tramuntana, dem UNESCO-Weltkulturerbe-geschützten Gebirgszug im Westen Mallorcas, liegen die beiden Bergdörfer Valldemossa und Deià, deren Ursprünglichkeit, Romantik und wilde Schönheit seit jeher Künstler und Kreative anziehen. „Mallorca ist ein Paradies, wenn du es aushalten kannst", schrieb die amerikanische Autorin Gertrude Stein einst an ihren Freund, den Dichter und Schriftsteller Robert Graves, der daraufhin Deià besuchte – und den Rest seines Lebens hier verbrachte. Mit George Sand und Frédéric Chopin landen 1838 die ersten prominenten Besucher auf der Insel. Anaïs Nin verfasste eine Kurzgeschichte über die Bucht von Deià, Virgin-Records-Mogul Richard Branson machte das „La Residencia" zum Treffpunkt der High Society, Andrew Lloyd-Webber, Michael Douglas und Catherine Zeta-Jones kehren regelmäßig in ihren Ferienhäusern ein, auch Designer Matthew Williamson und der deutsche Maler Nils Burwitz kommen immer wieder. Es ist eine mittlerweile zwei Jahrhunderte andauernde Liebe der internationalen Boheme zu Mallorca.

WER SICH DIE EWIGE LIEBE VOR DEM IONISCHEN TEMPEL VON SON MARROIG VERSPRICHT, DEM SEI SIE GEWISS, SO HEISST ES

DIE MAGIE VON SON MARROIG

„Diese Version doppelter Bläue an Himmel und Meer mit grenzenlosem Horizonte, diese Bläue, die Tag auf Tag folgt, als wäre sie die unabwendbare Regel: ein Tag so klar wie sein Vorgänger (...), dass man glaubt, (...) diese ewige Bläue werde ewig andauern“, schrieb Ludwig Salvator von Österreich-Toskana über den Ausblick von Son Marroig. Zehn Kilometer sind es von Valldemossa Richtung Deià zum einstigen Besitz des berühmten Einwanderers und Aussteigers. Wenn die Serpentinen breiter werden, der Blick weiter wird, ist er zu sehen, der kleine weiße ionische Tempel aus Carrara-Marmor, der vorgelagert Richtung Meer, einsam, fast mystisch vor dem Herrenhaus Salvators aus dem 16. Jahrhundert liegt. 1870 erwarb der mallorquinisch „Arxiduc“ genannte Erzherzog Haus und Grundstück in bester Westküstenlage, erweiterte die zum Schutz vor Piraten errichtete Wehrfinca und kaufte dazu das heute älteste Naturschutzgebiet der Insel, Son Moragues, dessen Erhalt und Zugang eines der Anliegen Salvators waren. Den Pflichten in der Heimat entflohen, widmete sich der Autor, Geograf, Landwirt, Naturschützer und Forscher ganz seiner Liebe zu den Balearen. Über 60 Werke verfasste er, darunter sein größtes, „Die Balearen in Wort und Schrift“ von 1884. Notizen, Karten, Schriften, persönliche Gegenstände und Möbel Salvators sind heute im zu einem Museum umgewandelten Son Marroig zu sehen, dazu eine beeindruckende Keramiksammlung sowie Kunstwerke von Joan Bauçà, Hermenegildo Anglada Camarasa, Eliseu Meifrèn, Joaquin Mir Trinxet und Erwin Hubert. Dazu kommt der Blick auf den kleinen vorgelagerten Tempel und auf die Halbinsel Sa Foradada, die „durchlöcherte Felsnase“ vor Son Marroig, mit dem schönsten Sonnenuntergang Mallorcas.

sonmarroig.com

IN MALLORCA ANGEKOMMEN: KÜNSTLERIN MARIA DE HAAN

VON DER MYSTIK DES TONS

Direkt nach der Auffahrt zum Hotel „Ca's Xorc", von Sóller kommend, geht es zu Maria De Haan. Vor ein großes schwarzes Tor, das die Künstlerin per Funk ratternd zur Seite rollen lässt. Eine weitere scharfe Linkskurve über Schotter, schon laufen dem Gast bellend Mia und Betty entgegen, dahinter kommt Maria aus ihrem Outdoorstudio, das sich in und vor einem kleinen Anbau zum weiter oben auf dem Berg befindlichen Zuhause befindet. Sie steckt mitten zwischen der Nach- und Vorbereitung von Workshops, ihre Keramikkurse auf der Terrasse des Ateliers nebst Orangen- und Zitronenbäumen mit Blick über und in die Tramuntana sind begehrt, und das zu Recht. Maria De Haan, halb englischen, halb spanischen Ursprungs, startete ihre Karriere vor rund 20 Jahren in London mit dem Diplom, es folgten Praktika und Residenzen bei Simon Leach und Mike Goddard, ein eigenes Studio in der britischen Hauptstadt sowie seit 2015 der Mallorca-Standort und zahlreiche Reisen, die Ursprung und Inspiration ihrer Kunst sind. Nur 20 Minuten brauche sie mittlerweile, um eines ihrer kleineren, von japanischer Ästhetik beeinflussten Werke auf der Töpferscheibe zu formen, erzählt sie. Skulpturale Gefäße und minimalistisches Geschirr – Vasen, Schalen, Töpfe und Teller –, stark strukturiert, rau, das nicht nur von den Händen Marias, sondern auch von Jahrzehnten in der Natur geformt zu sein scheint. Wie ein Stein in den Bergen, eine Koralle im Meer, die, von Jahres- und Gezeiten geprägt, ihre natürliche, erstaunlich ergreifende Schönheit entfalten. Mit dem anschließenden Brennvorgang des Tons in Metallfässern, wobei Maria natürliche Materialien wie Holz, Sägemehl, Salz, Früchte und Seegras hinzufügt, schafft sie schließlich einzigartige Meisterwerke. Von Rauch und der Natur berührte Tonkörper, die anmutig, zeitlos, mystisch geraten. Sie stehen in Galerien wie „Maud & Mabel" in London, der „Gallery Red" in Palma oder der „Pepnot Galeria" in Artà.

mariadehaan.com

VOM TRAUM DER FOTOGRAFIN

Nachts im Meer baden, mit den Bergziegen über Geröll wandern. Spontanen Jamsessions lauschen und barfuß von den Bäumen essen. Gemeinsam. Mit Freunden, Gästen. So hat sich Kate Bellm ihr neues Projekt vorgestellt. Die Fotografin, in London geboren und in Berlin aufgewachsen, hat für Marken wie Gucci, Alexa Chung und Adidas gearbeitet, ihre atmosphärischen Bilder von Landschaften, Kakteen, Ausblicken, Menschen, die lieben und träumen, ihre berühmten nackten Sirenen unter Wasser transferieren den Betrachter in eine romantische, psychedelisch angehauchte Parallelwelt. Das passende Paradies für Bohemiens findet sich nun auf dem Weg von Deià nach Sóller in Kates erstem eigenen Hotel: eine alte Bergfinca mit Farm, Shop, Atelier, Garten und 15, „Smoked Cedar", „Baba Royale" oder „Holy Ficus" genannten, in Cremefarben getauchten Zimmern. Eine Inauguration von Purismus in Luxus, die weder Regeln noch Bildschirme kennt – im „Corazón" sollen Blicke und Abenteuer regieren. Ein Pool, Reiki, Yoga, Klangheilung und eine Künstlerresidenz vervollkommnen die Finca, gegenüber von Maria De Haans Studio gelegen, 40 Minuten von Palma entfernt. Ein Retreat von Künstlern für Künstler. Solchen, die nach Mallorca reisen, und solchen, die hier leben. Mit regelmäßigen Konzerten wie kürzlich von Nick Mulvey oder Kinoabenden auf der Tramuntana-Terrasse. Zum „Slow Living" gibt es passend Slow Food. Für die Küche ist Grace Berrow verantwortlich, die schon im „Patiki Beach" in Port de Sóller die neue Generation wohlhabender Vagabundierender auf den Balearen verzauberte. Aus über 50 Beeten und von den Bäumen des Gartens – sowie von lokalen Produzenten – bezieht Berrow ihre Produkte, die sie im Ottolenghi-Stil zu frisch-kräutrigen, aromatisch-köstlichen Soul-Food-Kompositionen wie „Grünkohl mit gerösteten Datteln, Linsensprossen, Körnern und Fenchel in Erdnuss-Dressing" verbindet.

hotelcorazon.com

DAS „CORAZÓN" IST TREFFPUNKT DER NEUEN, JUNGEN BOHEME DER WESTKÜSTE

KUNST UND DESIGN IN DEIÀ

Angefangen bei der „Sa Tafona"-Galerie des „La Residencia" über den hauseigenen Poets Walk und die regelmäßig wechselnden Kunstinstallationen im Garten: Ein Tag in Deià wird nie ohne Kunst und Design inmitten von Natur und Tradition enden. Gleich gegenüber des Hotels befindet sich die „Gres Gallery", in der die strukturreichen, teils von Holzasche-Glasur bedeckten Unikate von Keramikerin Dora Good und ihrer Mutter Gracia Alzamora ausgestellt sind. Ein Stück weiter die Straße runter lohnt der Besuch bei der in Valldemossa geborenen„Datura"-Modedesignerin Stefania Borras in ihrem kleinen Studio mit Showroom, wo feminin-elegante, nachhaltig und per Hand in New York und Mallorca produzierte Jumpsuits, Kleider, Röcke, Shorts und Tops aus natürlichen, biologisch abbaubaren Fasern sowie von lokalen Schmuckdesignern hergestellte Stücke zu bewundern sind. Nebenan bietet Michael Roberts im Concept Store „Obsolete" wohlkuratiert Antiquitäten, Dekoration, Schmuck und Slow-Fashion-Labels wie Injiri, Cofur, Kleed, Mada in Mada, Curiosity Lab, Ravens View und Aurobelle aus aller Welt. Kulinarik und Design verbindet das kleine Café/Bistro „De Monio" schräg gegenüber, wo vegetarische Snacks und Lunches auf selbst hergestelltes Parfüm und Öle, Keramikarbeiten von einheimischen Künstlern und internationale Produkte wie das in London beheimatete „Wunder Workshop"-Kosmetiklabel von den Mallorca-Residenten Zoë Lind van't Hof und Tom Smale treffen. Vorbei an Ateliers und Studios von Artists in Residence, die ihre Türen Besuchern offen halten, geht es zum Highlight des Spaziergangs, zum „Picketts House", dem Refugium von Händlerin und Dekorateurin Amanda Pickett, die bereits mit 16 Jahren das Restaurierungsstudium in York begann. Von ihrem Zuhause in Mallorca, einem ehemaligen steinernen Fischerhäuschen, reicht der Blick über die Berge bis zum Deià-Monument, der Kirche Sant Joan Baptista aus dem 18. Jahrhundert. Innen wartet ein Labyrinth aus antiken Kommoden, seidenen Paravents, Leinen-Baldachinen sowie Unikaten an Standuhren, Lampen, Sofas, Chinoiserie-Spiegeln und Tagesbetten, deren einzigartige Herkunftsgeschichten Amanda zu erzählen weiß. Ein Paradies für echte Bohemiens à la Matthew Williamson oder Rita Konig, Stammkunden von Amanda Pickett.

AM PUNTA DE SA FORADADA ZWISCHEN VALLDEMOSSA
UND DEIÀ LEGEN KLEINE BOOTE AN

TIPPS

ESSEN

ES TALLER

Valldemossa

Aus einer ehemaligen Autowerkstatt hat Chef Nicolas Aubert ein sehens- und erlebenswertes Restaurant gemacht, in dem ihm herrlich gut das Cross-over aus mediterran-südamerikanischer Fusionsküche inklusive Stimmung und fairen Preisen gelingt.

estallervalldemossa.com

CA'S PATRÓ MARCH

Deià

Eine der schönsten Terrassen der Insel findet sich in der traumhaft schönen Cala Deià (siehe Foto S. 194/195). Atemberaubender Blick auf Meer und Felsformationen, dazu Fisch und Meeresfrüchte auf rustikalem Shabby-Chic-Mobiliar.

caspatromarch.myrestoo.net

SA FORADADA

Deià

Rund 50 Minuten Fußweg muss man einplanen, möchte man den schönsten Sonnenuntergang Mallorcas zu einer fantastischen Paella und lokalem Wein genießen. Beim Landgut Son Marroig geht es los, von hier führt der Weg nach unten auf die Halbinsel Sa Foradada. Nach etlichen Serpentinen mit grandiosen Ausblicken erreicht man das schilfgedeckte Lokal mit zwei Terrassen und offenem Holzgrill. Anreise auch per Boot möglich.

restaurantesaforadada.com

SCHLAFEN

BELMOND LA RESIDENCIA

Deià

Seit rund 40 Jahren eine der ersten Adressen der Insel. Traumlage und -blicke über Deià und die Tramuntana, ein bemerkenswerter Fokus auf Kunst mit hauseigener Galerie, Skulpturengarten, Artist-in-Residence-Studios und 800 Werke aus der privaten Kollektion von Cecilie Sheridan, 14 Hektar Land mit 1.500 Olivenbäumen, vier Eseln und 20 Schafen, drei Pools sowie die Wahl aus elf Zimmerkategorien bei 71 Zimmern und Suiten.

belmond.com

HOTEL VALLDEMOSSA

Valldemossa

Miguel Conde und seine Frau Cristina Martí von „IT Mallorca Unique Spaces“ sind bekannt für Eleganz, Qualität und Geschmack und haben aus dem in die Jahre gekommenen Hotel Valldemossa ein Design-Sanktuarium mit Möbeln von Le Corbusier und Werken von Antonia Ferrer gemacht.

valldemossahotel.com

SON VISCOS

Valldemossa

Ein Bed & Breakfast mit Stil und Charme vom britischen Antiquitätenhändler Michael Roberts, Blick auf Valldemossa, Wanderrouten direkt vor der Tür und individuell mit Möbel-Unikaten, Holz und Leinen ausgestattete Zimmer.

sonviscos.co

ERLEBEN

LA CASA DE ROBERT GRAVES

Deià

Auf dem Weg von Deià nach Sóller lässt sich seit 2006 das Wohnhaus des britischen Dichters, Schriftstellers und Romanciers Robert Graves besichtigen: „Ca N'Alluny", das Graves mit Partnerin Laura Riding 1932 erbaute. Mobiliar, Garten, Architektur sind erhalten geblieben.

lacasaderobertgraves.org

CATALINA-KACHELN

Valldemossa

Wer die engen Gassen des Bergdorfs erkundet, wird immer wieder auf handbemalte Fliesen an den Häusern mit Darstellungen aus dem Leben von Catalina Tomás treffen. Die mallorquinische Heilige wurde im 16. Jahrhundert in Valldemossa geboren und wird bis heute verehrt. Ihr Geburtshaus befindet sich neben der Pfarrei im Zentrum.

MARKT

Deià

Jeden Mittwoch findet unterhalb des Hauptparkplatzes ein kleiner, feiner Wochenmarkt statt. Mit Obst, Gemüse, Keramiken, Kleidern, Currys, inspiriert aus Sri Lanka, sowie dem Argentinier Eduardo Santa Cruz, der aus seinem mobilen Wagen „Cruz Coffee" verkauft, einen der besten, selbst gerösteten Kaffees der Insel, mit Bohnen aus China bis zum Orient.

SON MORAGUES

Valldemossa

Über 700 Jahre währt die Geschichte der Finca Moragues bereits. Seit ein paar Jahren lässt eine multikulturelle Gemeinschaft die reichen Schätze der 400 Hektar Land wieder aufleben. Mit der Herstellung von wunderbaren Bioprodukten wie dem Son-Moragues-Olivenöl, zu kaufen im Shop in Valldemossa – oder, noch besser, auf dem Gut selbst. Besichtigung auf Anfrage.

sonmoragues.com

CHOPIN-FESTIVAL

Valldemossa

Erstmals 1930 veranstaltet, findet das Klavierfestival zu Ehren von Frédéric Chopin jedes Jahr im August im Kreuzgang des Kartäuserklosters von Valldemossa statt. Der Komponist verbrachte hier einige Wochen mit der Schriftstellerin George Sand.

festclasica.com

20

DAS TAL VON SÓLLER

GOLDENE ZEITEN UND SEITEN

Nach der Dunkelheit des Tunnels taucht der Besucher in ein goldschimmerndes Tal voller Orangen- und Zitrusbäume. Es ist alles, was Mallorca bietet, in Klein, eine Enklave für sich, dieses Tal von Sóller, das Sóller, die Dörfer Biniaraix, Fornalutx, Port de Sóller und die Stauseen Gorg Blau und Cúber umfasst und dessen Besiedlung ins 13. Jahrhundert zurückreicht. Erst vor 100 Jahren wurde es dem Rest der Insel zugänglich gemacht, als die Straße über den Pass, den Coll de Sóller, nach Palma gebaut wurde. Und erst 1997 wurde der Tunnel durch den Berg eröffnet. Sóller florierte in seiner Abgeschiedenheit durch den Reichtum seiner Produkte, die über das Meer auf das spanische Festland und bis nach Südfrankreich exportiert wurden. Der Handel brachte Reichtum ins Tal, eine unabhängige Verwaltung, Versorgung und Struktur, auch französischen Einfluss, der bis heute in den kopfsteingepflasterten Gassen, an den reich verzierten Wohnhäusern der Kaufleute rund um die Kirche St. Bartholomäus und an der Zusammensetzung der Einwohner zu spüren ist. Den alteingesessenen und den neuen, aus Schweden, der Schweiz und den USA zugezogenen, die gemeinsam weiter an goldenen Zeiten und Seiten des Tals von Sóller arbeiten.

KATJA WOHR VON DEN DOS ALQUEMISTAS

DOS ALQUEMISTAS IN BINIARAIX

Katja Wohr steht hinter der Bar, es ist neun Uhr morgens, und in dem kleinen Biniaraix östlich von Sóller ist richtig was los. Radfahrer, Wanderer, Einheimische, Arbeiter, einer nach dem anderen tritt an die Bar und bestellt. Und Katja redet und macht, stets freundlich-fröhlich, auch wenn sie gerade allein im Service und die Terrasse vor der Dorf-Bodega voll ist. „¿Hola, qué tal?" oder „Was kann ich für dich tun? Or better in English?" Die Schweizerin hat mehrere Leben gelebt, die Sprachen kamen von allein, so wie ihre Gäste, weil sie, wenn sie etwas macht, es nur besonders kann. 2002 ist sie nach Mallorca gekommen, mit dem Vorhaben, Meersalz zu ernten. Davon hatte man vor 20 Jahren in den Salinen bei Es Trenc noch nichts gehört – dank Katja ist daraus ein Imperium geworden. Sie verkaufte „Flor de Sal d'es Trenc", lernte ihre heutige Geschäftspartnerin Kate de Vere und dank ihr die Heilkraft von Olivenbäumen kennen. Gemeinsam gründeten sie die „Dos Alquemistas", die Oliven-Spezialistinnen, die die während der Ernte oft achtlos weggeworfenen Blätter sammeln, destillieren und mit lokalen Gewürzen versetzen, das schon mal als Workshop verkaufen – und daraus Tee, Latte-Pulver und Tinkturen herstellen. Sie stehen neben Produkten von Wunder Workshop, Nomad Coffee, Masala Chy aus Barcelona, Chocolates Maüa aus Palma und Llanatura aus Inca im Regal der Bodega, daneben mallorquinische Weine, die Spaß machen. So wie ein Besuch bei ihnen in der Bodega in Biniaraix, wo es morgens zum hausgemachten Granola selbst gebackenes Bananenbrot und Scones gibt, mittags ein Tagesgericht wie frisch zubereitetes Dal und abends und an den Wochenenden wechselnde Pop-ups mit Chefs von der Insel. Wie Tom „Tommy" Smale, der sonntags immer wieder für krachend krosse Sauerteigpizzas sorgt.

dosalquemistas.com

TONI GARAU IN SEINEM ATELIER IM ELTERLICHEN WOHNHAUS IN SÓLLER

EIN BESUCH BEI TONI GARAU

Er webt an der Geschichte seines Ursprungs. Als Toni Garau vor 50 Jahren in Sóller geboren wurde, war die letzte von 18 Textilfabriken des Ortes schon zehn Jahre geschlossen. Die doppelt so großen, 1,80 Meter breiten Stoffbahnen aus Barcelona eroberten den balearischen Markt, insbesondere die Hotellerie. Garau lernte Grafikdesign, eröffnete ein Büro in Palma. Ein Buch über die Gewerbegeschichte Sóllers brachte ihn zurück in die Zukunft, mit Anfang 30. Er begann, antike Spindeln zu sammeln, sie in millimetergenauen Abständen aufzuhängen und mit Bindfäden zu Kunstinstallationen zu verbinden. Aus dem bunten Garn wurde mehr, er begann, mit ihnen zu „malen“, wie er es nennt, sie über weiß getünchte Leinwände aus Karton oder Zement zu spannen. Hier, im Familienhaus seiner Eltern im Zentrum Sóllers, wo er bis heute im Garten arbeitet, im ehemaligen Vogelschuppen der Familie, und dafür täglich aus Palma herkommt. Mit Maßband und Knoten findet jeder einzelne Faden auf dem Bild seinen Platz, wird mit Harz fixiert, bis daraus ein Faden-Gemälde entsteht, das die Natur Mallorcas zu spiegeln vermag. Horizont, Meer, Wald und die Sonne im Auf- und Untergang finden sich in seinen Werken, die unter anderem im „Fera“ in Palma zu sehen sind. Und mit ihnen ein so bedeutender Teil der Geschichte Sóllers in der Kunst der Gegenwart.

tonigarau.com

FÜR HAUS UND HISTORIE

Es sind die letzten Tage in Santa Teresa 34. Zwei Jahre haben Josephine und Christoffer Du Rietz an dem Herrenhaus im Zentrum von Sóller gearbeitet. Es erworben, restauriert, neu gestaltet und am Ende darin gelebt. Um zu erfahren, woran es noch fehlt, um es bis ins Letzte zu perfektionieren. Es ist, als sei es ihr eigenes. Ein denkmalgeschütztes, 550 Quadratmeter großes Gebäude aus dem Jahr 1900, das zum Schluss von der alten Bewohnerin nur noch im Erdgeschoß bewohnt und gepflegt worden war, mit provisorischem Bad unter der Treppe. Nun bietet es hinter einer gemeißelten Steinfassade mit speziell geschwungenen Fensterrahmen und Fensterläden zwei offene Kamine aus Marmor, Türen aus nordischem Kiefernholz mit individuellen Schnitzereien, originale Bodenfliesen, eine spektakulär restaurierte Wendeltreppe, selbst angefertigte Möbel und Designerstücke, einen eigens für das Haus kreierten und mit seinem Namen gelabelten Wein – und sucht einen Käufer, der seinen Wert zu schätzen weiß. Umsichtig und ganzheitlich gehen die beiden Schweden, Innenarchitektin und IT- und Digitaldesigner, vor, lassen dem Prozess der Restauration und Verschönerung alter, einzigartiger Gebäude seine Zeit. Seit 2016 leben sie mit ihren zwei Kindern auf Mallorca, seit sie all ihren Besitz in Schweden ver- und ein Stadthaus in Sóller gekauft haben. Es sollte ihr eigenes sein, den neuen Lebensabschnitt einläuten, geriet jedoch zu ihrem ersten Projekt auf der Insel. „Casa Sa Mar", das ebenfalls zwei Jahre für seine Umgestaltung brauchte und 2018 an einen Käufer ging. Es folgte „Camp Roig 31" in Alaró, auch hier lebten sie zum Schluss. Josephine stammt aus Gothenburg, kommt vom Industrie- und Autodesign, bevor sie sich der Architektur, der Innenarchitektur und dem Projektmanagement zuwandte und bei White Arkitekter, JLL und Cushman & Wakefield in Stockholm arbeitete. Christoffer leitete ein Beratungsunternehmen und Start-up in der Heimat. Nun ist er für Architekturzeichnungen, Möbeldesign und Projektmanagement verantwortlich, sie für den kreativen Teil. Denn neben dem Interieur schafft sie auch Kunst in Form von Gemälden und Skulpturen, mit denen sie ihr gemeinsames Werk vollendet. Nächste Woche soll es nach S'Arracó gehen, in den Südwesten. „Das wird aber wirklich unser Privathaus", sagt sie und lacht. Ganz sicher klingt sie dabei nicht, denn: „Für unsere Kunden suchen wir gerade das nächste Haus mit Historie."

durietzdesign.com

JOSEPHINE UND CHRISTOFFER DU RIETZ

TIPPS

ESSEN

RE ORGANIC
Sóller

Vorn Biosupermarkt mit feinsten lokalen Produkten von Obst und Gemüse bis hin zu Mehl, Wein, Nüssen und Schokolade, hinten Restaurant mit Terrasse und frischer Marktküche. Die mallorquinische Familie Mora Cabot bietet zudem Interior Design und Beratung zu Biobau und -energie.

reorganic.es

PATIKI BEACH
Platja d'en Repic

Grace Berrow ist gegangen, Vibe und Rezepte à la Ottolenghi sind geblieben. Im Ex-Bootsschuppen am Strand von Port de Sóller schmecken dicht aromatische Gerichte nach marktfrischem Angebot mit Blick über den Hafen in Ibiza-Atmosphäre.

patikibeach.com

BENS D'AVALL
Alconásser

Fine Dining von Vater Benet und Sohn Jaume Vicens gibt es im „Bens d'Avall" auf einer Terrasse zwischen Deià und Sóller mit Traumblicken. Eins der wenigen Sternerestaurants auf der Insel, seit 1971 in Familienbesitz. New Mallorcan Cuisine, Tasting-Menü und neuerdings mit Grünem Stern vom Michelin.

bensdavall.com

SCHLAFEN

MEEM TOWNHOUSE
Sóller

Jessica Bosch und Albert Bosser haben das Stadthaus von 1800 in ein besonderes Refugium verwandelt: mit sieben Suiten, ausgestattet mit Expormim, Dusty Deco, Huguet und Nanimarquina, zum Frühstück gibt es regionale Bioprodukte.

meemtownhouse.com

ESPLÉNDIDO
Port de Sóller

2005 ist das Gebäude aus den 1950er-Jahren, das zwischen Hafen und Platja d'en Repic thront, neu eröffnet worden. Mit Vintage-Design, skandinavischer Kunst, Bistro und Pool sowie einem gut ausgestatteten Spa, den gern auch die Einheimischen nutzen.

esplendidohotel.com

FINCA CA N'AÍ
Sóller

Im traditionell mallorquinischen Stil ist dieses Retreat nahe Sóller eingerichtet, das sich seit 1723 im Besitz der Familie Morell befindet. 29 Zimmer, 120 Hektar privates Land, das ist ein perfekter Ausgangspunkt für Wanderungen in der Tramuntana.

canaibioretreat.com

SANTUARI DE LLUC

Escorca

Das spirituelle Zentrum der Insel befindet sich im „Santuari de Lluc", wo die Schutzheilige Mallorcas, „Sa Morenita", verehrt wird. Jedes Jahr kommt eine Million Besucher, jeden ersten Sonnabend im August ist das Heiligtum Endpunkt des „Marxa des Güell a Lluc a peu"-Marsches von Palma aus.

lluc.net

ZUG FAHREN

Sóller

Rund fünf Kilometer lang ist die Strecke von Sóller zum Hafen. Sie mit den kleinen, hölzernen Zügen aus dem Jahr 1912 zu befahren, die hinter dem Marktplatz halten, ist ein Erlebnis.

trendesoller.com

CAN DET

Sóller

Seit 17 Generationen produziert der Familienbetrieb Olivenöl. Die 1942 restaurierte Mühle ist die einzige auf den Balearen, die noch traditionell mit Mahlwerk aus drei konischen Steinen funktioniert. Besichtigungen umfassen Führung durch Haus, Garten, Ölmühle sowie Verkostung im Speisesaal der Familie.

candet.es

OPEN-AIR-KONZERT

Torrent de Pareis

Jedes Jahr strömen Tausende Touristen und Einheimische zu diesem kostenlosen Sommerevent. Das Genre wechselt von Klassik über Gospel, Jazz bis zu Filmmusik, die Akustik in der dramatischen Schlucht bei Sa Calobra ist ebenfalls dramatisch gut.

fundaciosanostra.es

RUTA FORNALUTX

Biniaraix

Tausende Orangen- und Zitronenbäume, grasende Weidetiere, romantische Bachläufe und an Start und Ziel zwei der schönsten Bergdörfer des Westens erwarten die Wanderer auf diesem Weg. Vom Martkplatz in Biniaraix geht es über den Camí de Binibassi bis nach Fornalutx voller Blumen, Natursteinhäuser und verwinkelter Gassen und durch das pittoreske Dorf wieder zurück. Eineinhalb Stunden, 250 Höhenmeter.

DER INNERE WESTEN

STILLE GRANDEZZA

Wer den Kern des Westens verstehen will, fährt von Palma nach La Raixa. Richtung Nordwesten, dorthin, wo sich kleine Siedlungen am Fuß der Tramuntana, an ihren südöstlichen Ausläufern, zu Dörfern wie Esporles, Bunyola und Puigpunyent gruppiert haben. Das museale Landgut bei Bunyola vermittelt bereits beim Eintritt genau das, was diese Gegend und diese Orte ausmacht: Grandezza im Stillen, Historie im Abbild, Eintracht mit Einheimischen, Schönheit für Wissende. Ein von den Arabern im Mittelalter und von der Familie Despuig in der Frühen Neuzeit weiterentwickeltes Wunder aus mehreren Terrassen und Gebäuden, mit gotischen Kreuzgewölben, klassizistisch herrschaftlicher Steintreppe, künstlich angelegter Grotte, Rundtempel und einer weitläufigen Parkanlage mit Apollo- und Gemüsegarten, Karpfenteich, Brunnen und endlos Bäumen, das von Modedesignerin Jil Sander zu Beginn des neuen Jahrtausends vergeblich umworben wurde. 20 Jahre später hat die Gentrifizierung der Gegend, um die Bergorte Bunyola, Esporles und Puigpunyent, mit einer Sanftmut stattgefunden, die weder Einheimische verdrängt noch zu viele Touristen anlockt.

PFERD UND WEIN AUF SES ROTES

Auf dem kleinen Einspänner, der Richtung Vorplatz zuckelt, sitzt eine schwedische Priesterin in einem kurzen, schwarzen Kleid mit Sandalen und Sonnenbrille im Haar. Ein Shetlandpony trippelt vorneweg, Pancho heißt es, es zieht sie Richtung seiner Besitzer Emelie und Dan Marsh, die inmitten einer Menschenmenge vor der Bodega stehen. Dazu dröhnt Hugh Jackmans „The Greatest Showman" aus der Soundanlage, das Publikum klatscht und Dan und Emelie grinsen. Willkommen zur Weintaufe auf „Ses Rotes", einem 250 Jahre alten Gut umgeben von Bergen und 40 Hektar Land im Tal vor Esporles, das einst einem Freund Francos gehörte, als andalusischer Tanz- und Showpalast fungierte und sich nun seit sieben Jahren im Besitz der Familie Marsh befindet. Einem schwedisch-englischen Paar, sie professionelle Springreiterin, er erfolgreicher Gastronom aus London, die seit 30 Jahren Springpferde züchten und auf Mallorca mit ihren drei Töchtern Myrna, Mel und Millie ihr Zuhause gefunden haben. Auf diesem Stück historischem Land, das seit sechs Jahren neben moderner Reitanlage und Stallungen dank ihnen nun auch ein eigenes Weingut beherbergt. Weil Dan den Platz und das Mikroklima, das hier herrscht – in der Regel zwei bis drei Grad kühler als im benachbarten Weinanbaugebiet Binissalem –, nicht ungenutzt lassen konnte. Er holte sich Hilfe in Form eines lokalen Winzers sowie von vier Männern aus dem Dorf, baut Sauvignon Blanc, Callet, Syrah, Pinot Noir und Grenache auf sechs Hektar an und keltert mittlerweile

DAN UND EMELIE MARSH AUF IHREM PFERDEGESTÜT UND WEINGUT „SES ROTES" IN ESPORLES

40 HEKTAR LAND SOWIE NEUERDINGS WEINREBEN GEHÖREN ZU DEM 250 JAHRE ALTEN GUT BEI ESPORLES

vor Ort 25.000 Flaschen Wein, zwei Sorten Rosé, zwei Weiße, drei Rote und einen Orange Wine. Leichte, erfrischende, vollmundige Sommerweine, die sich durch fruchtige Noten, geringen Zuckergehalt und damit Alkohol auszeichnen und deren Etiketten vom Sohn Gerald Scarfes, Alexander Scarfe, gestaltet wurden. Und die Marshs haben einen Weinclub eröffnet, für Freunde und Gleichgesinnte, die auch ein Stück Ses Rotes genießen möchten – ob mit dem Kauf des Weins zu Mitgliederpreisen, wöchentlichen Besuchen auf Gut und Gestüt, bei denen sich herrlich zwischen Reben, Pfaden und Pferden picknicken lässt, Einblick in Ernte und Produktion oder auf einem der Events wie der Weintaufe, die jährlich im September stattfindet. Dann liefern Dan und Emelie zu Show und Wein gute Stimmung und Musik bis in die Nacht, Catering von Restaurants wie dem „Nama" aus Deià – oder auch schwedische Priesterinnen auf Einspännern.

sesrotes.com

MEISTERWERK SON NET

Mehrere Jahre hat die Suche nach einem weiteren Prestigeobjekt gedauert, nun haben die Macher der „Finca Cortesin“ aus Andalusien ihr zweites Hotel eröffnet, das „Grand Hotel Son Net“ – Covermodell dieses Buches und Aufmacherfoto dieses Kapitels. In Mallorca, am Fuße des Tramuntana-Gebirges im westlichen Innern der Insel mit Blick auf den höchsten Gipfel, den Puig de Galatzó, sowie das kleine Dorf Puigpunyent, das es umgibt. Um die Ausstattung des vollends durchdacht renovierten und in Terrakotta getünchten Herrenhauses aus dem 17. Jahrhundert hat sich Spaniens Top-Designer Lorenzo Castillo gekümmert. Der Madrilene und sein Team haben mit viel Leidenschaft, Zeit und Gespür Antiquitäten im mallorquinischen Stil erworben und vorhandene aufbereitet, die Wände von Nachtmalern verzieren lassen sowie eine exklusive Stoffkollektion entworfen. Jedes der 31 Zimmer und Suiten ist einzigartig in Layout, Größe und Design, mit Traumaussichten über Gebirge und Tal, die 57 Hektar große private Landschaft aus exklusiv für das Haus gezogenen Malvasía-Reben, Kräutergarten, Zitronen-, Orangen und Olivenbäumen sowie gleich mehreren versteckt liegenden Pools, Cabanas, Terrassen und saftigen Gärten, die Romantik und Privatsphäre pur bieten. Grandiose Drinks kommen aus der „Green Bar“, lokal frische und technisch versiert zubereitete Produkte aus der Küche von Sergi Olmedo zum Dinner im „Mar&Duix“ oder Lunch im „Gazebo“ sowie ein hochprofessioneller Service mit der perfekten Balance aus Zurückhaltung und Herzlichkeit von René Zimmer und seinem Team. Dem deutschen Managing Director, der privat schon Jahre vor seinem Arbeitgeber die Insel entdeckt und zum Zuhause seiner Familie gemacht hat.

sonnet.es

DAS HERRENHAUS AUS DEM 17. JAHRHUNDERT, IN DEM SICH REZEPTION, KAMINZIMMER, BAR UND EINIGE DER 31 ZIMMER UND SUITEN DES „SON NET“ BEFINDEN

MARC BIBILONI IN SEINER GALERIE DER ZUKUNFT, DER „LA BIBI GALLERY" IN ESTABLIMENTS

VON MALLORCA IN DIE WELT

Die erste Käuferin sei eine Japanerin aus Australien gewesen, erzählt Marc Bibiloni. Online habe sie gesucht – und bei ihm in Form eines Gemäldes von Maria Reetz aus Barcelona gefunden. 90 Prozent seiner Verkäufe gehen mittlerweile an Sammler aus aller Welt, besonders nach Korea, Miami und New York habe er gute Verbindungen, sagt der 32-Jährige. Und genau so habe er das gewollt. „Mallorca wird gerade zum internationalen cool creative lab." Marc Bibiloni steht in einer ehemaligen Textilfabrik in Establiments, einer recht unscheinbaren Siedlung im Landesinneren Mallorcas, hier hat er den neuen Standort für seine „La Bibi Gallery" gefunden. Den ersten, den er 2021 eröffnet hat, neben der Kirche im Dorf, nutzt er jetzt für seine Künstler als Residenzsitz, ebenfalls eine alte Textilfabrik mit meterhohen Wänden und behutsam restaurierten Holzverstrebungen unter der Decke. Alle ein bis zwei Monate wechseln die Talente.

Marc, gebürtiger Mallorquiner, wollte ursprünglich in die Fashion-Industrie, landete jedoch nach dem Marketingstudium in Barcelona bei Paul Smith in London, der ihn statt in die Modewelt in seine Galerie an der Albemarle Street in der britischen Hauptstadt setzte – und seinen Weg neu bestimmte. Marc vernetzte sich mit den großen Namen, setzte noch einen Master in Modern und Contemporary Art sowie Postmaster in Business Development obendrauf und folgte dem Ruf zurück in die Heimat, als Gerhardt Braun ihn für seine Galerie in Palma zum Direktor erkor. Fünf Jahre blieb er, dann war es Zeit, Kunst und ihren Handel neu zu denken, wie Marc sagt. Die großen Sammler, von denen erstaunlich viele auf Mallorca leben oder zumindest ein Ferienhaus besitzen, holt er aus Palma heraus – hier haben sie sowieso mehr Zeit zum Sichten als in London oder New York, wie er sagt, und zeigt ihnen seine Galerie in Establiments. Und seine derzeit acht Künstler, die er vertritt, hebt er mitsamt ihren Werken schon mal in eine alte Kirche in Paris oder in einen Barockpalast in Madrid. „Wir sind ein interaktives Studio und wollen unseren Künstlern ihren kreativen Raum geben, wo auch immer der sein mag", sagt Marc. Die Basis sei hier, der Showroom mit zweimonatig wechselnden Ausstellungen und die Residence neben der Kirche in Establiments, „aber unser Fokus lautet: von Mallorca in die Welt."

labibigallery.com

EIN TROPENTRAUM

Wenn die Sommerhitze von über 35 Grad die Insel erfasst, gibt es nur wenige Oasen in ihrer Mitte. Zumindest solche, die der Öffentlichkeit zugänglich sind. Die „Jardines de Alfàbia", die Gärten von Alfàbia, sind eine davon. Gelegen bei Bunyola, auf dem Weg von Palma nach Sóller, am Fuß der Tramuntana, bietet das mallorquinische Landhaus mit Garten, Wasserkunst, Obstplantage und kleinem, romantisch gelegenem Café mit berühmt frisch zubereiteter Zitronenlimonade ein Refugium aus Schatten, Flora, Historie und Ruhe. Gleich am Eingang wandelt der Besucher über den römischen „Paseo de Salon", die Platanen-Allee, im Patio des Herrenhauses lassen sich römisch-andalusische Struktur sowie romanische und maurische Elemente aus Gotik, Barock, Renaissance und Rokoko betrachten, die von der Geschichte der Insel, ihrer griechisch-römischen Vergangenheit, arabischen Herrschaft und christlichen Rückeroberung erzählen. Als einziges maurisches Anwesen wurde „Alfàbia" im Jahr 1229 nicht enteignet, weil die Besitzer die christlichen Truppen mit Proviant versorgten. Im Innern ist ein aus Holz geschnitzter Königsthron von 1399 samt Antiquitäten zu sehen, außen warten üppige Bäume, Blumen, Laubengänge, Dattelpalmen und Bambusgewächse sowie zahlreiche Springbrunnen. Und oft auch klassische Musik, die den Besucher harmonisch durch dieses Paradies begleitet, diese Oase an heißen Sommertagen.

jardinesdealfabia.com

TIPPS

ESSEN

SAUVAGE FOOD & WINE
Establiments

Chef Andreas Aberg kam vor mehr als 20 Jahren aus Schweden, gründete das großartige Catering „The Cutting Edge" und hat sich mit Frau und Tochter nun doch für ein eigenes Restaurant entschieden, das „Sauvage Food & Wine". Stimmung, Wein und Soul Food im Garten.

@sauvagefoodandwine

QUAY
Esporles

Auf dem Weg nach Esporles liegt das kleine Öko-Hotel „LoftOtel Canet", in dem man übernachten, aber besser noch essen gehen kann. Im „Quay" serviert Marcelo Rappold modern mediterrane Küche mit Kräutern aus dem Biogarten und vor der Terrasse wartet ein eingezäunter Spielplatz auf Familien.

weloftcanet.com

DOBLE COFFEE & MORE
Esporles

Mitten auf Esporles' Promenade Passeig del Rei bietet das „Doble" eine tolle Auswahl und Qualität an Kaffeespezialitäten, frischen Säften sowie Frühstück und Tageskarte zum Lunch. Mediterran mit internationalen Einflüssen wie Pastrami-Sandwich oder Oreo-Pancakes.

doblecoffee.com

SCHLAFEN

ES CORTE VELL
Bunyola

Eine charmante Mischung aus traditionell mallorquinischen und modernen Designelementen wartet in diesem Adults-only-Boutiquehotel in Bunyola, umgeben von Bergen, mit Blick bis nach Palma. Außenpool, zehn Zimmer, teils mit Terrasse und Whirlpool.

escortevell.com

GRAND HOTEL SON NET
Puigpunyent

Niemand Geringerer als Lorenzo Castillo hat die 31 Suiten mit Antiquitäten, Maßmobiliar, Stoffen und Kunst gestaltet. Außen locken Gärten voll Zitrus- und Olivenbäumen, mehrere versteckt liegende Pools und Terrassen sowie Drinks aus der „Green Bar" und Teller von Sergi Olmedo.

sonnet.es

LJS RATXÓ
Puigpunyent

15 kurvenreiche Minuten von Puigpunyent Richtung Reserva Park geht es ins puristisch elegante Eco-Luxury-Retreat mit 25 Zimmern. Ein englisch-mallorquinisches Paar hat das Landanwesen aus dem 15. Jahrhundert für alle Detox-Bedürfnisse gekonnt renoviert und aufbereitet.

ratxo.com

OPEN HOUSE BEI ARIKKI ARTIST

Puigpunyent

Die in Südafrika geborene, belgische Künstlerin Marieke „Rikki" Tollenaere lebt seit 20 Jahren auf Mallorca. Das Meer ist ihre größte Inspiration, ihre Werke malt sie jedoch in ihrem Haus in den Bergen von Puigpunyent. Dort lädt sie regelmäßig zu „Art @ Home" – herzlich-interessante Begegnungen.

@arikki_artist

MARKT

Esporles

Jeden Sonnabend verwandelt sich der Passeig del Rei in eine lebhafte Mischung aus Ständen, Einwohnern und Touristen. Dann ist Markttag in dem kleinen Dorf am Fuße der Tramuntana.

NATUR ERLEBEN IM RESERVA PARK

Puigpunyent

3,5 Kilometer führt der Weg im Reservat über Natur-Steintreppen, durch einen Wald, entlang von Höhlen und Wasserfällen und endet an einem großen Abenteuerspielplatz mit Bistro. Dazu können Tiere wie Bär Xaloc und Uhu Claudio besichtigt werden. Zusätzlich buchbar: die längste Seilrutsche Mallorcas.

reservapark.net

KLASSIK IN SON VICH DE SUPERNA

Esporles

Die Bodega Son Vich de Superna versteckt sich in den Bergen hinter Esporles. Öffentlich zugänglich ist das Weingut jeden Samstag von 10 bis 13 Uhr für Weinprobe und -kauf. Seit fünf Jahren gibt es jedes Jahr im Juni im romantischen Hof des hübschen mallorquinischen Anwesens ein Klassikkonzert, zuletzt mit Sopranistin Sonya Godarska.

sonvichdesuperna.es

WANDERUNG AUF DEN PUIG DE GALATZÓ

Puigpunyent

Knapp drei Stunden braucht man, um auf das „Matterhorn Mallorcas" zu gelangen. Die Wanderung startet beim Parkplatz Font des Pi, der 1.027 Meter hohe Puig de Galatzó belohnt mit Blicken über Palma, die Tramuntana und das Meer. Auch für Anfänger möglich.

VON SANTA MARIA DEL CAMÍ BIS ALARÓ

SEELE, WEIN UND SLOW-LIFE-LUXUS

Purpurrot, orange, gelb, violett und leicht grün, fast bläulich schimmert, nein, vibriert es in der Luft. Das Licht der untergehenden Sonne, das die Gebirgswand des Puig d'Alaró sowie die des gegenüberliegenden Puig d'Alcadena in satte Farben taucht. Das Idyll des Landesinneren, die Seele Mallorcas, sie liegt hier. Zu erreichen über kurvig schmale Straßen, die sich nach der Abfahrt von der Nordautobahn in Richtung Alaró durch die Landschaft winden, rechts und links von Marès-Kalksteinmauern und Feldern voller Mandel- und Olivenbäume begrenzt. Im Hintergrund erhebt sich das Tramuntana-Gebirge, die Ruine des Castell d'Alaró, die fast unwirklich schönen Gipfel der Zwillingsberge Puig d'Alaró und Puig d'Alcadena, die das 5.500 Einwohner große Dorf malerisch rahmen und dieses besondere Licht reflektieren. Magische Kräfte werden den zwei Tafelbergen der Tramuntana nachgesagt, manch Einwohner spricht ehrfürchtig von der „blauen Zone", die hier heimlich herrsche, die Menschen gesünder, geistreicher, älter als an anderen Orten werden lasse.

Fest steht, dass das Leben im Zentrum Mallorcas, von Sant Marçal über Santa Maria del Camí, Pòrtol, Consell, Biniali und Binissalem bis nach Alaró, ein anderes zu sein scheint als an den Küsten. Besonders im Winter, wenn die Märkte nach wie vor vor Besuchern, weil Einwohnern, strotzen, die besten Ferias gefeiert werden, durchweg alle an Entschleunigung glauben – und Jung und Alt, International und Lokal eine eklektisch gesunde und miteinander kommunizierende Mischung ergeben, die sowohl die Wohlhabenden als auch die Künstlerboheme dieser Welt nach Mallorca lockt und mit den sympathischen, entspannt vor sich hin schaffenden Mallorquinern vermengt.

KOLLEKTIV FÜR DIE KUNST

Es sei ebenjene Energie der Berge Alarós, die aus Menschen Künstler mache. Anja Kleener und Katrin Kirk sitzen im Café „Can Fressa“ oberhalb des Marktplatzes und sind sich einig. Schließlich habe ihr eigener Weg sie aus Dänemark nach Alaró, in den Künstlerberuf und letztlich auch zusammengeführt. Als Katrin, Skulpteurin, 2017 ein Pop-up in ihrem Atelier und Zuhause plante, lernte sie eine weitere dänische Künstlerin aus der Nachbarschaft kennen. Die nächste Veranstaltung planten sie zusammen, gaben ihr den Namen „The Alaró Beehive“ und außer sich selbst auch anderen Künstlern die Möglichkeit, sich zu präsentieren. Daraus wurden regelmäßige Events, mit viel Stimmung, Musik und Essen, stets an den sonnabendlichen Markttagen – und nun, sechs Jahre später, das Kollektiv „Beehive Mallorca“, so weit spannen sich Netz und Popularität dieser einzigartigen Künstlercommunity Alarós inzwischen. Statt einer kleinen Veranstaltung pro Woche findet eine große im Mai jeden Jahres statt, mit bis zu 50 Künstlern von der gesamten Insel, mit vielfältigem Angebot von „Sowilove“-Schmuckdesign bis „Majui“-Taschen, auch Lampen, Gemälden, Keramik und Mode, eine Art Mittler zwischen Galerie und Wochenmarkt – und eine großartige Inspiration für Dekoration und Investition.

@thebeehivemallorca

ANJA KLEENER UND KATRIN KIRK GRÜNDETEN DAS KÜNSTLERKOLLEKTIV „BEEHIVE MALLORCA“

KÜNSTLER UND WAGYU-ZÜCHTER JOSÉ „PEP“ MARIA SIRVANT

LA CALMA DE LA CARNE

Spa statt Stall. Es riecht nach Pinienwald, in dieser luftig hohen, hochmodernen Scheune am Rande Santa Maria del Camís. Rund 25 schwarze Kühe und ein Stier stehen auf viel Raum in fein geschroteten Pinienspänen, ein paar schrubben sich abwechselnd Nacken und Rücken an der mittig hängenden, wuchtigen Massagebürste, andere zermalmen Getreide im längs angebrachten Futtertrog. Zu essen gibt es neben selbst angebautem Heu und Xeixa-Weizen gemischt mit Pulver von heimischen Oliven auch mal Mais, Johannisbrot, Orangen und Wassermelone. „Das ist der Boss, Kawasaki Doi“, sagt José „Pep“ María Sirvent, stellt sich neben seinen futternden Stier und streichelt ihm den Kopf. „La calma de la carne – für ihren Geschmack ist es wichtig, dass sie sich wohlfühlen.“ Eigentlich ist Pep Künstler, Skulpteur, aber vor 40 Jahren wollte der Sohn eines Landwirts aus Katalonien mehr – und baute auf rund 120 Hektar in Campos und Santa Maria del Camí eine Wagyu-Zucht in der Wahlheimat auf. In Japan, wo heute eins seiner Werke vor dem Museum für zeitgenössische Kunst Tokio steht, kam er auf die Idee, die edle Rinderrasse nach Europa zu bringen. Damals war er einer der Ersten, heute ist er noch immer der Einzige auf Mallorca und einer von fünf in ganz Spanien, die reinrassige, ökologisch zertifizierte Wagyus züchten. 3.000 Kilogramm Fleisch pro Jahr produziert er mittlerweile, neben den Premiumstücken sind die Burgerpattys Lieblingsprodukte seiner Kunden wie Álvaro Salazar aus dem „Voro“ in Canyamel, Patrick Battenberg vom „Badal Corner“, das „Can Bordoy“ in Palma oder das „Six Senses Ibiza“. Wie oft er noch zu seinen Skulpturen komme? „Jeden Nachmittag bin ich im Studio in Porreres“, sagt Pep, „beides ist eine Kunst für sich.“

wagyumallorca.com

RUND UM DIE REBEN

Kilometerlang ranken sich die Reben auf den Feldern entlang der schmalen Wege, die, von Steinmauern begrenzt, Sencelles, Binissalem und Santa Eugènia verbinden. Auf dem Camí de Son Roig ist es genau ein Hektar, den Francesc Grimalt zwischen all den Trauben anderer Weingüter wie „José L. Ferrer", „Vins Nadal" und „Binigrau" bewirtschaftet. Oder vielmehr die Natur und das Ökosystem ihren Zweck vollenden lässt. Francesc arbeitet nicht nach klassischen Winzermethoden, sondern mit so wenig Intervention wie möglich. „Ich bin also eigentlich nur faul", wie der 52-Jährige mit einem Grinsen behauptet. Denn der Mallorquiner ist so etwas wie der Reben-Rebell unter den traditionellen Insel-Winzern, als einer, wenn nicht als der erste Önologe Mallorcas begann er in den 1990er-Jahren, seinen Wein biologisch anzubauen, sich um die Umgebung, in der er wächst, ebenso zu kümmern wie um die Reben selbst.
Am Puig de Sant Salvador bei Felanitx ist Francesc, genannt „Xesc", geboren und aufgewachsen. In der „Hippiekommune" in den Bergen, wie er selbst sagt. Die Natur war da alles, das nahe Dorf so etwas wie die „Harry-Potter-Burg", in dessen Mauern er und sein Bruder ab und zu bei den Dorffesten in die Gesellschaft eintauchen durften. Da probierte Francesc als Teenager erstmals lokalen Wein, der ihn nicht mehr losließ. Er ging nach Madrid, studierte, wurde zum Partner von „Ànima Negra" und zum Retter der autochthonen Traube Callet, die heute Hauptbestandteil seiner Meisterwerke wie dem „12 Volts", einem von Karamell-, Brombeer- und Röstaromen geprägten und mit Syrah, Cabernet Sauvignon und Merlot elegant abgerundeten Roten, ist. Seit 33 Jahren macht er nun Wein, seit 2006 mit seinem eigenen Gut. „4kilos" heißt es – vier Millionen

„4KILOS"-GRÜNDER FRANCESC GRIMALT IST BEI FELANITX AUFGEWACHSEN

Peseten haben er und sein Kumpel Sergio Caballero, Musiker und Co-Direktor des „Sónar"-Musikfestivals in Barcelona, damals für das erste Investment ausgegeben und den ersten Biowein noch in der Garage eines weiteren Kumpels gekeltert. Ein Jahr später folgten die nächsten Flaschen aus einem ehemaligen Schafstall bei Felanitx, in dem die Bodega auch heute noch sitzt. Die Reben befinden sich auf verschiedenen Feldern auf der Insel verteilt, rund 40 Hektar Land, je nachdem, wo er die besten Voraussetzungen in der Natur für seinen Wein findet, pachtet Francesc es von den Bauern. Wie in Binissalem, wo der Boden dem des „Châteauneuf-du-Pape" ähnelt, roter, sandiger Lehm vermischt mit Kieselsteinen, die die tagsüber gespeicherte Wärme nachts an die Gewächse abgeben. Rund 100.000 Flaschen produzieren Francesc und sein Team mittlerweile pro Jahr, distribuiert in die ganze Welt. Einige Einheimische und Einwanderer sind seinem Beispiel gefolgt und widmen sich dem Biowein auf Mallorca. Damals gab es 17 klassisch produzierende Weingüter auf der Insel, inzwischen sind es 100 insgesamt, die sich in ganz verschiedenen Verfahren der biologischen oder biodynamischen Weingewinnung ausprobieren und behaupten. So wie „4kilos", aber auch „Mesquida Mora" und „Can Feliu" – im Einklang mit den Reben und ihrer Natur.

4kilos.com

EDLE BLUMEN IN SENCELLES

Im Halbdunkel arbeiten Joana Maria Cerdà Ramis und ihre Freundin Cati in der ehemaligen Garage in Sencelles vor sich hin. Joana steckt Chrysanthemen und Mannstreu-Edeldisteln in kleine Vasen, Cati schneidet das Grün auf dem Tisch daneben zurecht. Heute geht eine große Lieferung nach Puigpunyent, ins „Grand Hotel Son Net", dafür muss jedes Gesteck in den ab 1.000 Euro pro Nacht kostenden Suiten stimmen. Morgen geht es weiter mit dem „Hotel Capuccino" in Palma und Valldemossa, dazu warten noch private Jachten sowie Ferienvillen und -fincas wie die der „Unique Properties" aus London oder der „Insider Villas" in Esporles auf ihren Blumenschmuck. „Mein Geschäft hier aus dem Workshop heraus kann ich nur noch über den Winter aufmachen", erzählt Joana. 2015 hatte die 45-Jährige beschlossen, ihren Verwaltungsjob in einem der Palmesaner Regierungsgebäude aufzugeben und Blumen aus ihrem Haus zu

JOANA MARIA CERDÀ RAMIS VON TINONS FLORAL DESIGN

verkaufen. Weil es generell wenig und nur wenig gute davon auf der Insel gibt und weil ihr der Stil der Gestecke „zu altmodisch, einheitlich, langweilig“ war. Sie hatte die moderne Art, Blumen zu binden, in Madrid, London und Katalonien gesehen – heute gehört sie zu den besten Floristinnen der Insel. Mit so vielen Stammkunden, dass sie kaum noch neue annehmen kann. Dazu kommen Events und Kurse, die Firmen wie Jo Malone und Range Rover mit ihr in Puerto Portals veranstalten. Ihre Sträuße sind wild und romantisch gesteckt, mit einer Vielfalt an edlen Blumen gekonnt gebunden. Diese bekommt sie aus Inca, Valencia und Holland – und höchstens eine Woche dürfen sie alt werden, bei ihr im Halbdunkel der ehemaligen Garage in Sencelles.

tinonsfloraldesigner.com

MÖNCHE, LAMM UND BESTE AUSSICHT

Mit 10 km/h geht es schmale Serpentinen hinauf. Auf Schotter, rechts und links herum, in Richtung Puig d'Alaró, mitten hinein ins UNESCO-geschützte Tramuntana-Gebirge. Zweieinhalb Meter breit ist der Weg, so manches Mal gar weniger, bei Gegenverkehr geht es rückwärts an der Steinmauer entlang zurück in die nächste Rettungsbucht, immer wieder kreuzt man Wanderer, die den gesamten Weg vom Dorf bis zum Gipfel zu Fuß nehmen. Nach zweieinhalb Kilometern im Zickzack-Stil erreicht man das Landgut „Es Verger“, auf 650 Höhenmetern und halber Strecke zum Castell d'Alaró oberhalb des gleichnamigen Dorfes im Kern Mallorcas. Es warten Tomeu Planas Muntaner mit Familie inklusive Tante Antonia – sowie rund 150 Schafe – auf die Besucher. Das „Es Verger“ ist einer der letzten noch intakten Gebirgsbauernhöfe der Insel, mit angeschlossener Gaststätte, seit über 70 Jahren im Familienbesitz. Tante Antonia ist hier geboren, hier schläft und arbeitet sie, wann sie das letzte Mal am Meer war, weiß sie nicht mehr. Innen sitzt der Gast vor historischem Landwirtschaftsgerät an den Wänden und nah am ausrangierten Futtertrog der Pferde. Es gibt Schnecken, Zicklein, aber vor allem Lamm und davon der Planas Spezialität: die Schulter. Schlicht mit Salz und Pfeffer sowie ein paar Karotten- und Zwiebelscheiben schmort sie drei bis vier Stunden in Wasser und Bier im 200 Jahre alten, gusseisernen Ofen, der an der Stirnseite des Gastraums prangt. Die saftig-kross-zarte, von Röstaromen erfüllte Schulter schmeckt hervorragend – und gibt Kraft für den Aufstieg. Eine gute Stunde braucht man für den gut ausgeschilderten Weg vom „Es Verger“ bis zum Castell d'Alaró, oben warten Blicke bis zur Levante sowie Ruine, Kapelle und Gästehaus des Castell d'Alaró.

@restaurantesverger

TIPPS

ESSEN

ES RÚSTIC PETIT
Consell

Seit elf Jahren bietet das charmante Paar Seguí Marroig mallorquinisch-mediterrane Küche mit frischen, saisonalen Zutaten in entzückender Atmosphäre in einem kleinen Stadthaus inmitten der Fußgängerzone von Consell. Besonders zu empfehlen ist die Dachterrasse für romantische Dinner im Sommer, dazu Expertise und Auswahl in Sachen Wein.

restaurantesrustic.com

CAN FRESSA
Alaró

Mit Ferienapartments plus Pool im alten Dorfpalast des Viscount of Béarn inmitten Alarós fing es an, mittlerweile sind noch ein Veranstaltungsbereich sowie ein Bistro und Café gegenüber, am Platz oberhalb des Wochenmarkts, hinzugestoßen. Dort warten Atmosphäre, frisch gepresste Säfte, Cocktails, Kaffee und lokale Weine, schmackhafte Sauerteigsandwiches, Kuchen sowie ein wechselnder Mittagstisch zum Satt- und Glücklichwerden.

canfressa.es

CAFÈ NOU
Sa Cabaneta

Aus der ehemaligen Dorfkneipe von 1940 haben Silvia de Miguel und Antonio Cuellar ein mehr als ansehnliches Bistro und Restaurant mit restaurierten Steinwänden und großen Fenstern zur Hauptstraße gemacht. Mittwochs bis sonntags gibt es von Frühstück über Lunch mit Tageskarte und Gebäck am Nachmittag bis zum Dinner ein gelungenes Cross-over aus lokalen und internationalen Rezepten mit regionalen, qualitativ hochwertigen Zutaten.

cafenou.com

MITO
Santa Maria del Camí

Das portugiesische Paar Lola Vinagre und Paulo Humberto, sie Privatköchin, er Künstler, ist von Ibiza über London und Asien weit gereist und nun auf Mallorca angekommen. Im Sommer 2023 haben sie das „Mito“ eröffnet, es gibt asiatisch und nahöstlich inspirierte Speisen und Fusion-Sushi, das zum besten der Insel gehört.

SCHLAFEN

HOTEL RURAL S’OLIVARET & SPA
Alaró

Einst im 17. Jahrhundert zur Erzeugung von Olivenöl errichtet, beherbergt das Landgut „S’Olivaret“ heute ein Viersterne-Landhotel mit Spa. Romantisch angelegte Gärten mit Pool, 27 unaufgeregt individuell und traditionell eingerichtete Zimmer sowie das Restaurant „Tramuntana 1762“.

solivaret.com

SA CABANA HOTEL RURAL & SPA

Consell

Ausschließlich Erwachsene empfängt das im authentischen, alten mallorquinischen Stil gehaltene Viersterne-Landhotel „Sa Cabana" auf dem Weg von Santa Maria nach Consell. Umgeben von Weinbergen, Olivenhainen und der Finca aus dem 16. Jahrhundert, lässt sich am Außenpool oder in den 25 geräumigen Zimmern und Suiten Kraft schöpfen. Oder eine der Vinotherapie- und Olivotherapie-Behandlungen im kleinen Spa genießen.

hotelsacabana.com

CAL SECRETARI VELL

Sa Cabaneta

Nur fünf Zimmer gibt es in dem kleinen Boutiquehotel in Sa Cabaneta. Von der Hauptstraße des Dorfes bekommt man im hinteren Garten mit Terrasse, Pool, Restaurant und Tramuntana-Blick nichts mehr mit, besonders für Radfahrer und Wanderer ein lohnenswerter Stop.

calsecretarivell.com

ERLEBEN

POMELO CERAMIC

Pòrtol

Im alten Keramikzentrum der Insel, dem Dorf Pòrtol, gegenüber von Santa Maria del Camí, finden sich noch immer einige aktive Werkstätten und Fabriken, die sich dem einst typisch mallorquinischen Handwerk widmen. Entlang der ausgeschilderten „Ruta del Fang" lassen sich diese am besten besichtigen. Kreativität und Qualität bietet Pini Ponce in ihrem „Pomelo Ceramic"

Carrer d'Albert Castell 8
linktr.ee/pomeloceramicart

MACIA BATLE

Santa Maria del Camí

Es ist eins der größten und bekanntesten Weingüter der Region, entsprechend professionell und häufig finden hier Führungen und Tastings statt. Besonders charmant ist der kleine hauseigene Zug, der die Besucher durch die Reben schaukelt.

maciabatle.com

CATSMUSICS JAZZ CLUB

Santa Maria del Camí

Eher wie in Soho, London, als in Santa Maria del Camí, Mallorca, fühlt sich der Besucher des „CatsMusic Jazz Club". Besonders mittwochs und samstags, wenn das halbe Dorf zu den Live-Impro-Abenden an der Bar erscheint.

facebook.com/Catsmusicsjazzclub

ARTESANIA TÈXTIL BUJOSA

Santa Maria del Camí

Seit 1949 stellt diese Weberei in dritter Generation in Santa Maria del Camí Stoffe mit traditionellen Mustern und Methoden, Naturfasern und natürlichen Farbstoffen her, darunter Mallorcas bekanntes „Zungentuch".

bujosatextil.com

VON CAMPANET BIS POLLENÇA

BIENEN, STARS UND STARKE FRAUEN

Es war der Sonnenaufgang in der Bucht von Pollença, an einem Tag im Jahr 1950, der Hollywood nach Mallorca brachte. Aufgrund eines Sturms hatte Errol Flynn auf dem Weg von Monte-Carlo nach Gibraltar mit seiner Jacht Zaca und seiner dritten Ehefrau Patrice Wymore auf den Balearen haltmachen müssen. Den australisch-amerikanischen Schauspieler mit schottisch-irisch-englischen Wurzeln ließ der Anblick Mallorcas im Morgengrauen nicht mehr los. Er kam zurück, brachte Ava Gardner, Orson Welles, Rita Hayworth und John Wayne mit – gemeinsam tauften sie es ihr „Sommer-Hollywood". Schon seit den 1920er-Jahren strömten Künstler wie Tito Cittadini und Hermenegildo Anglada Camarasa nach Pollença, um sich von den einsamen, schroffen Felslandschaften voll endemischer Flora und Fauna der nördlichen Tramuntana, von Campanet bis Formentor, wo das Gebirge dramatisch ins Meer stürzt und sich mit dem Blau von Meer und Himmel vereint, inspirieren zu lassen. „Überschaubar, wie es ist, projiziert Pollença einen unendlichen Horizont", sagt der Mallorquiner Joan Bennàssar. Er selbst ist einer der bedeutendsten Künstler der Gegenwart aus Pollença, der heute nicht nur die Region, sondern die ganze Insel mit seinen Werken prägt.

JOAN BENNÀSSAR AM EINGANG SEINES ATELIERS ZWISCHEN POLLENÇA UND PORT DE POLLENÇA

EIN GARTEN VOLL SKULPTUREN

Um Werk und Wirken Joan Bennàssars zu erfassen, braucht es Zeit. Zwischen Pollença und Port de Pollença geht es nach rechts ab, eine staubige Straße entlang, einmal links und wieder rechts, da liegt es dann, das Zuhause des spanischen Künstlers. Joan Bennàssar öffnet das Tor, Hund Oli und Sohn Joan stehen neben ihm am Eingang und mehr oder weniger gemeinsam dirigieren sie den Gast vorbei an Haus und Garten bis zum Atelier. Der Weg ist von seinen Skulpturen gesäumt, rechts, links, geradeaus – Menge und Magie ihres Anblicks erstaunen. Übermenschlich groß sind sie, steinern, stoisch bis lüstern, neugierig blicken sie durch Kakteen, Olivenbäume und Palmen hindurch auf den Gast. „Das sind alles Werke der letzten Dekade", sagt Joan junior, „der Rest ist verkauft." „Ich bin ein Arbeiter, von neun bis neun kreiere ich", fügt Joan senior mit einem Zwinkern, das ihn sogleich sympathisch macht, hinzu. Sie führen hinein ins Atelier, eine moderne Halle, teils zweistöckig, mit einer Galerie, auch sie voller Skulpturen, in kleineren Versionen , sowie unzählbar vielen Gemälden in überdimensionalen Größen. Ob man für das Foto dieses oder jenes bevorzuge? Joan und Joan wuchten eins nach dem anderen hoch und tragen die Malereien von da nach dort, von vorn nach hinten, über die Leinentücher auf dem Boden, das Material für die nächsten Werke.

Joan Bennàssar zeichnet, seit er klein ist. So gut, dass sein Kunstlehrer seine Bestimmung vorhersagt und der Sohn des Malers Lorenzo Cerdá Bisbal, ebenfalls in Pollença geboren, den Weg zur Kunst- und Handwerksschule in Palma ebnet. Dort führt ihn Jaume Mir ans Skulpturale heran, in Barcelona schließt er als Maler und Bildhauer seine Ausbildung an der Schule der Schönen Künste Sant Jordi ab. Es sind die sozialen Themen, die ihn zu Beginn bewegen, bevor er sich der abstrakten Kunst, dem Impressionismus, Realismus, der Collage und dem Kubismus von Picasso, einem seiner größten Einflüsse, zuwendet. Er bricht mit den Wurzeln der Pollença-Schule, schafft eine ganz persönliche thematische Polarität mit Gemälden und Skulpturen von hoher Materialqualität, der weiblichen Figur als Konstante, Werken vom menschlichen Körper, seinen Gelüsten, dem Kontrast zwischen Küste und Stadt, Kunst, in Stillleben und esoterische Welten entführend. Mehrere Bildbände und Dokumentationen erzählen von seinem Schaffen, wie „Razones Humanas“, „La verdad es simple“, „El vino que bebo sabe a mar“, „Mediterránea“. Und ganz real erlebt ihn ein jeder, der Mallorca besucht. Seine Skulpturen stehen an der Küste von Can Picafort (siehe S. 204/205), Santa Margalida, Son Serra de Marina, Cala Rajada, in Sóller, Inca, Selva, Caimari bis hin zum Kloster Lluc – und natürlich in Pollença. Auch im „St. Regis Mardavall“, dem „LJs Ratxó“ in Puigpunyent, diversen privaten Fincas und Herrenhäusern – Bennàssar, das ist mallorquinische, lebendige Kunstgeschichte. Warum er nach Mallorca zurückgekehrt ist? „Überall, wo ich war, reist man der Zeit hinterher“, sagt er, „hier, auf Mallorca, wird sie einem geschenkt.“

joanbennassar.com

DER MIT DEN BIENEN SPRICHT

„Umsteigen, bitte“, sagt Martí Mascaró und zeigt auf seinen Wagen beim Agroturismo „Monnàber Vell“, unweit der Höhlen von Campanet. Mitten hinein in die Felder, den Berg hoch geht es. Langsam, es ist noch früh am Morgen, Dunst liegt in der Luft, ein paar Schafe heben den Kopf, blöken, Martí ist still. Über Geröll und Sand fährt er vorbei an jahrhundertealten Oliven- und Johannisbrotbäumen, die gerade blühen, Mandel- und Zitronenbäumen, Buchweizen und Myrthe. „Monnàber“ – der „Berg voll Blumen“. Nach zwei Gattern, die die Felder begrenzen, sind wir da. Martí steigt aus, läuft zum Heck seines Caddys und zieht aus einer Kiste wortlos drei weiße Schutzuniformen, aus einer weiteren Schuhüberzieher, Handschuhe, Hüte mit Netzteilen. „Anziehen.“ Dann läuft er voraus, zu einer Lichtung, in der 15 Holzkisten mit rund 20.000 Bienen

MARTÍ MASCARÓ VON MEL CARAMEL BEI SEINEN BIENEN BEI CAMPANET

stehen. Aus einer Tonne am Rand zieht er Pinienzweige, stopft sie in einen Metalleimer mit einem teekannenartigen Ausguss, zündet sie an. So lockt er die Bienen aus ihren Boxen. Ganz ruhig, fast mechanisch öffnet er dann eine, zieht vorsichtig ein Brett voll mit Waben heraus. Auch die Bienen bleiben ruhig, nur wenige fliegen auf, die meisten krabbeln weiter über ihr Nest. „Alles gut hier", sagt Martí, packt mit einem gezielten Griff die Königin, zeigt sie. „Sie hat keinen Stachel", sagt er, „die anderen schon." Alles Frauen, wie er sagt, Männer seien nur im April und Mai im Stock erlaubt. „Eine Biene produziert 1/10 Esslöffel Honig, in ihrem ganzen Leben", sagt Martí. Dann ist er wieder still, setzt behutsam seine Königin ab, schiebt den Stock zurück in die Kiste.

Martí Mascaró ist seit 20 Jahren Imker, zunächst nur an den Wochenenden, seit fünf Jahren hauptberuflich. Der Chef des Hotels in Alcúdia, in dem er arbeitete, hatte Bienen. So ruhig, fleißig, sozial seien sie, sagt Martí. „Und treu, sie kehren immer wieder zu ihrer Blume zurück." Der in Ariany bei Sineu geborene Martí entschloss sich, nachhaltigen Honig zu produzieren, suchte nach Standorten wie dem „Monnàber Vell" oder der „Finca Pública Galatzó", überall, wo die Bienen im Umkreis von drei Kilometern keinen industriellen Pestiziden durch Bauernhöfe ausgesetzt sind, wo noch ein unberührtes Ökosystem vorhanden ist. Von 14 Sorten biozertifiziertem Honig Mallorcas produziert Martí mittlerweile zwölf, Landbesitzer fragen ihn, ob er mit seinen Bienen kommen möchte, nicht andersherum. „Mel Caramel" heißt sein flüssiges Gold, das er nur direkt verkauft, darunter an Hotels wie das „Son Bunyola" und das „Cap Rocat". Zwei Mal Gold gewann er bei der „Biomiel 2022". Produziert, geerntet und verpackt in Mallorca. Nicht wie viele andere Honighersteller, die gestreckten Honig importieren, auf der Insel neu verpacken und „made in Mallorca" auf ihr Etikett schreiben. Das ist nicht verboten. Den wirklich geschmackvollen, tiefgoldenen Honig Mallorcas vom Monnàber gibt es jedoch nur von Martí.

melcaramel.com

DIE TERRASSE DES EL VICENÇ DE LA MAR BEI POLLENÇA

DIE GESCHICHTE ZWEIER BRÜDER

Zwei Hotels, zwei Freunde und zwei Orte, die unterschiedlicher nicht sein könnten. Rubén Zamora ist an beiden zu finden. Der CEO der „Ç Collection" beaufsichtigt das „El Llorenç Parc de la Mar" in Palma und das „El Vicenç de la Mar" bei Pollença. Zwei durchdacht designte Boutiquehotels, verbunden auch durch die Professionalität und Leidenschaft der Mitarbeiter, die an diese schwedisch-mallorquinische Erfolgsgeschichte glauben. Es war Miquel Bauzá mit seiner Architektur-, Projektmanagement-, Interior-Design-, Landscaping- und Baufirma „LF91", der dem schwedischen Investor, Gründer des „Ink Club", einst das Privathaus auf der Insel renovierte. Aus der Arbeit wurde Freundschaft. Gemeinsam beschloss man, historische Gebäude zu erwerben und in Apartments zu verwandeln. Das erste Projekt: ein oberhalb des Parc de la Mar im Stadtteil Calatrava von Palma gelegener Stadtpalast, der als letzter in der Stadt die Lizenz für einen Infinitypool auf dem Dach bekommen sollte. Einzige Bedingung: Es durfte nur ein Fünfsterne-Boutiquehotel daraus entstehen. So wie in der Cala Sant Vicenç im Norden der Insel, wo sich das zweite anvisierte Objekt befand. Für das Design wurde der Schwede Magnus Ehrland beauftragt, dessen Portfolio von Diesel bis zum „The Pelican" in Miami Beach reicht, und der aus dem „El Llorenç" eine vom maurischen Stil inspirierte Luxusoase mit 33 Zimmern in der historischen Mitte Palmas und aus dem „El Vicenç" ein mediterran puristisch designtes Liebhaberstück mit 35 Zimmern und Premiumposition an der Küste Pollenças gemacht hat. Ob noch weitere Projekte folgen werden, vielleicht gar außerhalb Mallorcas? „Bestimmt", sagt Rubén Zamora, „das hier ist Geschichte und die Zukunft zweier Brüder – nur von zwei verschiedenen Orten."

cmallorcacollection.com

BEI MALLORCAS MEISTERKÖCHIN

Bei Maria Solivellas lässt sich die Insel erschmecken. Es gibt selbst gezogenes Gemüse sowie Produkte von befreundeten Biobauern, Onkel Peps berühmtes „Solivellas"-Olivenöl, die besten lokalen Weine kuratiert von Schwester Teresa sowie eine lange Warteliste. Rund 40 Kilometer von Palma entfernt betreiben Maria und Teresa Solivellas das „Ca Na Toneta", zwei Schwestern, die die Region verändern. Aus dem Haus ihrer Eltern, inmitten des so charmant pittoresken, sehr authentisch gebliebenen Dorfes Caimari, haben sie eine kulinarische, dennoch unaufgeregte Trend-Destination mit einer Neuinterpretation der mallorquinischen Küche kreiert, die über die Insel hinaus bekannt ist. In acht bis zehn Gängen des Tasting-Menüs, dessen Zutaten fast ausschließlich von Mallorca und aus der Saison stammen, bereiten Gerichte wie Kalbsbries in Zitrussoße, Kalmar in eigener Tinte oder Langusten in einer Soße aus geröstetem Paprika und gebeiztem Eigelb den Sinnen echten Spaß. Und das in charmant-wohnlicher Casual-Fine-Dining-Atmosphäre innen oder auf der romantisch angelegten Terrasse hinten, auf der die mit Street-Art verzierten Wände für echte Kontraste und urbanes Ambiente sorgen. Dazu verkaufen die Solivellas-Schwestern in ihrem im Vorderhaus gelegenen Kunsthandwerksladen ausgesucht schöne lokale Keramik-, Filz- und Lederarbeiten und Accessoires sowie die besten Weine von der Insel. Gerade erst wurde Maria Solivellas für ihre Arbeit mit dem „Grünen Stern" des Guide Michelin ausgezeichnet. Von denen es weltweit nur rund 400 gibt. Sie werden für Pioniere und Vorbilder in Sachen Nachhaltigkeit vergeben, die ein kulinarisches Erlebnis auf höchstem Niveau mit Umweltbewusstsein verbinden und sich durch alternative und besonders vorbildliche Gastronomie-Modelle auszeichnen, so die Erklärung des Gastro-Führers. „Danke an alle Seiten, Weinkeller, Viehzüchter, Fischer und Handwerker; alle, die uns mit Nahrung und Schönheit versorgen", so die Solivellas.

canatoneta.com

MARIA SOLIVELLAS WURDE FÜR IHR „CA NA TONETA" BEI DER MICHELIN-GALA IN BARCELONA MIT EINEM GRÜNEN STERN AUSGEZEICHNET

TIPPS

ESSEN

CA NA TONETA
Caimari

Bei den Schwestern Maria und Teresa Solivellas landen die Aromen der Insel in neun Gängen auf den Tischen der romantischen Terrasse des ehemaligen Wohnhauses der Eltern. Selbst gezogenes Gemüse und von befreundeten Biobauern, Onkel Peps Olivenöl, beste lokale Weine.

canatoneta.com

SES COVES
Campanet

Direkt vor den Tropfsteinhöhlen mit herrlichem Blick Richtung Campanet, Selva und Inca steht Josep Joan am Grill, es gibt eine kleine, feine Auswahl an frischem Fisch, Krustentieren, Lyo-Fleisch und herzlichen Service von Maria Eleonor.

covesdecampanet.com

MICELI
Selva

In einem Herrenhaus aus dem 19. Jahrhundert, in dem sie selbst aufgewachsen ist, bietet Marga Coll traditionell mallorquinische Küche mit modernem Touch. Alle Zutaten besorgt sie frisch aus Inca, das Degustationsmenü gibt es in fünf oder sieben Gängen.

miceli.es

SCHLAFEN

EL VICENÇ DE LA MAR
Cala Sant Vicenç

Viel Glas und puristisch passendes Design von Magnus Ehrland in 35 Zimmern, Suiten mit eigenem Pool oder Whirlpool, Dinner-Party-Service, Cocktailbar, Bibliothek, Spa mit Indoor- und Outdoorpool, ein Kino sowie zwei Restaurants von Mallorcas Küchenmagier Santi Taura.

elvicenc.com

CAN AULÍ
Pollença

Ein ehemaliger Stadtpalast aus dem 17. Jahrhundert mitten im Dorf, der 2020 als Retreat-Boutiquehotel eröffnet wurde. Zauberhaftes Frühstück mit lokalen Bioprodukten auf liebevoll angerichtetem Buffet inmitten der alten Küche, 21 Zimmer, Außenpool, Steam Room, Adults only. Besonders: zweistöckige Can-Aulí-Suite, 120 Quadratmeter.

canauliluxuryretreat.com

SON GRIS

Selva

Ein altes Steinhaus mit lavendelblauen Fensterläden inmitten eines der schönsten Dörfer der Insel. Das „Son Gris" in Selva bietet sieben charmant rustikal eingerichtete Zimmer und den besten Ausgangspunkt für Wanderer und Radfahrer.

songris.com

CA'N BENEÏT AGROTURISME

Binibona

Ein Finca-Hotel mit viel Geschichte, der ehemalige Bauernhof beherbergt noch heute eine in Betrieb befindliche Ölmühle sowie auf den 70 Hektar Land die einst einzige Kirche Binibonas. Zehn komfortable Zimmer, Farm-to-table im Restaurant „Mirabona", Außenpool, Sauna.

fincacanbeneit.com

HOPOSA HOTEL UYAL

Port de Pollença

Dieses Viersternehaus aus den Fünfzigern mit 116 Zimmern, Rooftop- und Innenpool, Bar, Gym, Restaurant sowie Rad-Aufbewahrungsbereich wurde kürzlich renoviert und zeichnet sich durch seine Lage direkt an der Promenade von Port de Pollença aus. Schlichte Einrichtung, viel Licht.

hoposa.es

FOUR SEASONS

Formentor

Grace Kelly und Rainier von Monaco waren zu Gast, auch Charlie Chaplin übernachtete im „Formentor", einem der ersten Luxushotels der Insel. Im Sommer 2024 wird es nach Jahren der Renovierung als „Four Seasons" neu eröffnet. Mit Lage am weißen Sandstrand und einer der besten Radrouten zum Cap Formentor mit dem berühmten Leuchtturm.

mallorcaformentor.com

ERLEBEN

SES FONTS UFANES

Campanet

Wenn es im Winter auf Mallorca über Nacht geregnet hat, sollte man möglichst früh ins Auto steigen, um Zeuge eines Naturschauspiels zu werden. Im „Zauberwald" von Campanet sprudeln aus dem Boden kleine Quellen, die bis zu einem Fluss anschwellen können, ein seltenes hydrogeologisches Phänomen.

MANDALA DES DALAI LAMA

Pollença

Das 1975 gegründete Museum beherbergt ein besonderes Stück: das buddhistische Mandala von Kalachakra des Dalai Lama. Ein Kunstwerk aus Sandkörnern, das 722 Gottheiten und 12 Lotusblüten bringende Tiere zeigt, die die vier Elemente symbolisieren sowie Körper, Geist, Weisheit und Bewusstsein.

ajpollenca.net

ALCÚDIA UND PLATJA DE MURO

LEBENDIGE HISTORIE

Manchmal reicht ein Spaziergang, um eintzutauchen in die Geschichte eines Ortes. Und wer in den Gassen von Alcúdia unterwegs ist, die als die älteste Stadt der Insel gilt, der begegnet auf Schritt und Tritt den Zeugnissen einer bewegten Historie. Alcúdia bedeutet „Hügel“, der Name geht auf die Zeit zwischen 902 und 1229 zurück, als die Mauren auf den Balearen herrschten. Die eindrucksvolle Stadtmauer und die beiden noch erhaltenen Tore, die Porta de Sant Sebastià und die Porta del Moll, wurden errichtet, nachdem König Jaume I. die Insel erobert hatte. Südwestlich der mittelalterlichen Befestigungsanlage befindet sich die Ausgrabungsstätte Ciutat Romana de Pollèntia – unter den Römern war Pollèntia die Hauptstadt „Maioricas“. Im römischen Theater fanden Archäologen Höhlen, die wie diverse andere Hinterlassenschaften belegen, dass das Gebiet zwischen den Buchten von Pollença und Alcúdia bereits ab 2000 v. Chr. besiedelt war. Wer sich am Ende vielleicht noch fragt, warum der Habsburger Doppeladler auf dem Stadtwappen zu sehen ist, der sollte einen Blick auf die Herkunft König Karls I. von Spanien werfen, unter dem Alcúdia 1523 die Stadtrechte bekam. Aus jener Blütezeit stammt manch prachtvolles Gebäude, das das Antlitz des lebendigen Gemeindesitzes nördlich des Naturparks S'Albufera und der Platja de Muro noch heute prägt.

DAS GRÖSSTE FEUCHTGEBIET

Auf einmal wird es ganz still. Man kann sie noch sehen, die großen weißen Hotelkomplexe am Rande der Platja de Muro. Aber wenn man einmal über die Pont dels Anglesos „eingetreten" ist in den „Parc Natural de s'Albufera", hat man gar kein Bedürfnis mehr, sich umzudrehen. Viel lieber lauscht man dem Rascheln der Silberpappeln, der Gräser und der Schilfwälder. Und hält Ausschau. Nach schillernden Libellen, die ganz plötzlich auftauchen. Nach einem Reiher am Ufer eines ehemaligen Entwässerungskanals oder dem in der Sonne leuchtenden Fisch, der unerwartet emporspringt. Um sich für die Flora und Fauna von S'Albufera begeistern zu können, muss man weder Pflanzenkenner noch Ornithologe sein. Die meisten Besucher, die vielleicht nur für einen kurzen Rundgang das trubelige Strandleben hinter sich lassen, hoffen ganz einfach auf Ruhe und kleine Entdeckungen. Vielleicht bekommt man ja sogar eine Schildkröte zu Gesicht? Nach einem Blick von einer der Beobachtungsplattformen sind viele überrascht von der Weitläufigkeit dieses grünen Paradieses zwischen Küste, Sa Pobla und Muro. Mit rund 1.650 Hektar ist das Stück Land, das 1988 zum Naturschutzgebiet erklärt wurde, das größte Feuchtgebiet der Balearen. Die Ursprünge gehen noch auf die Antike zurück – der Wasserstand der einstigen Seenlandschaft, die bis ans damalige Pollèntia heranreichte, variierte jedoch. Heute sind für Fußgänger und Radler vier verschiedene Routen ausgewiesen – je nach deren Verlauf man mal durch süßere, mal durch salzhaltigere Gewässer kommt. Die Wege erzählen von den Reisfeldern, die sich hier einst befanden; von den – am Ende vergeblichen – Bemühungen, das Gebiet im 19. Jahrhundert trockenzulegen, um Land zu gewinnen und die Malaria zu bekämpfen; oder von den Vögeln, die hier regelmäßig ihr Winterquartier beziehen. Wer diesen komplexen Lebensraum besser verstehen möchte, der besucht das Info-Zentrum Can Bateman, benannt nach dem britischen Ingenieur, der hier einst wirkte, mit historischen Fotografien und interaktiven Ausstellungselementen. Noch ein Verdienst des Parks: die Wiederbelebung alter Traditionen wie Aalangeln.

ca.balearsnatura.com

DER GRAN CANAL IM „PARC NATURAL DE S'ALBUFERA"

MAGISCHER ORT ZWISCHEN BERGEN UND MEER

Auf der unerwartet langen Strecke von Alcúdia zum „Museo Sa Bassa Blanca", spätestens dann, wenn die Straße abermals eine Biegung macht und plötzlich beengter wirkt, wird man sich fragen, ob man noch richtig ist. Wie richtig man auf diesem gewundenen Weg durch die urwüchsige Natur der Halbinsel Victoria ist, erkennt man, wenn endlich das strahlend weiße und mittlerweile denkmalgeschützte Meisterwerk auftaucht, das Hassan Fathy ab Ende der 1970er-Jahre oberhalb der Bucht von Alcúdia gebaut hat.

Der ägyptische Architekt nannte das Gebäude im hispanisch-maurischen Stil mit den charakteristischen Zinnen der Außenmauern, den Kuppeln und den hölzernen „Mousharabia"-Gitterfenstern eine „Ribat", was so viel wie Festung bedeutet. Das Künstlerpaar Ben Jakober und Yannick Vu hatte das Grundstück, auf dem Fathy das Wohnhaus errichtete, dank seines Freundes Sir Philip Dunn entdeckt, dem das angrenzende Anwesen Alcanada – heute ein Golfplatz – gehörte. Bereits 1965 war Yannick Vu mit ihrem damaligen Ehemann, dem Maler Domenico Gnoli, nach Mallorca gekommen. „Als ich ihren idyllischen Lebensstil sah, verließ ich Paris, um mich ihnen anzuschließen", erzählt Ben Jakober, der Vu später nach dem Tod seines Freundes heiratete.

Eine Liebesbeziehung, die untrennbar verbunden ist mit diesem eklektischen und dennoch kohärenten Gesamtkunstwerk aus Architektur, Natur und Kunst. Nach dem Tod der gemeinsamen Tochter gründete das Paar 1993 die eigene Stiftung – heute umfasst die Sammlung von „Sa Bassa Blanca" etwa 2.200 Werke aus aller Welt, 950 davon sind in Dauerausstellungen zu sehen. Keineswegs nur im ehemaligen Wohnhaus. Man entdeckt sie im weitläufigen Skulpturenpark mit dem Werk „Cubist Rhino" vom Künstlerpaar Jakober und Vu selbst (siehe Foto S. 94/95) und im unterirdischen Raum „Sokrates" – eine veritable Wunderkammer, die eindrucksvoll zeitgenössische Schöpfungen solchen aus der Antike gegenüberstellt. Nicht zu vergessen der „Aljibe"-Raum. In der ehemaligen Wasserzisterne ist die Ausstellung „Nins" zu Hause: mehr als 150 Porträts von Kindern, die zwischen dem 16. und 19. Jahrhundert in Europa entstanden sind. Den Grundstein dieser Kollektion, die längst zum historischen Kulturerbe der Balearen erklärt wurde, legte vor mehr als 40 Jahren ein Gemälde des Malers Joan Mestre i Bosch aus Felanitx.

Die ganzheitliche Schönheit dieses Museums nimmt man nicht in Eile wahr – der Rosengarten will bewundert, das Observatorium besucht werden. Letzteres ist nur nach Voranmeldung und einem kurzen Marsch zugänglich; zu entdecken ist neben Säulenkunst des Hausherrn ein ehemaliger militärischer

DENKMALGESCHÜTZTES MEISTERWERK: DAS HAUPTHAUS VON SA BASSA BLANCA

Beobachtungsposten, in dem eine „Camera Obscura“ installiert wurde. Wer sich dort oben fragt, was das Paar als Nächstes für sein Lebenswerk plant, muss wissen, dass auf dem Grundstück nicht mehr gebaut werden darf – es wurde als Naturschutzgebiet von speziellem Interesse (ANEI) eingestuft. „Aber natürlich können wir den Park um Skulpturen, Gemälde und Objekte erweitern, und das tun wir auch ständig“, sagt Ben Jakober. Mit seiner Frau empfängt er Gäste aus aller Welt – Alt-Königin Sofia oder das befreundete Schauspielerpaar Michael Douglas und Catherine Zeta-Jones genauso wie Schulklassen und Touristen. Mit nur 600 Besuchern habe man 1993 begonnen, zuletzt seien es rund 25.000 gewesen. „Die Menschen fühlen sich angezogen von diesem Rückzugsort, der sich von allem unterscheidet, was man sonst auf der Insel findet.“ Wie recht er hat.

msbb.org, jakober-vu.com

DIE JAHRESZEITEN ALS ZUTATEN

„Mallorca ist für mich Frieden. Die unterschiedlichen Aromen zu verschiedenen Zeiten des Jahres. Mein Zuhause." Es ist die tief empfundene Liebe zur heimatlichen Landschaft und zu lokalen Zutaten, die sich dem Gast in jedem Gericht von Macarena de Castro offenbart. „Freie mallorquinische Küche" nennt die jüngste mit einem Michelin-Stern ausgezeichnete Köchin Spaniens das, was sie subtil und voller Empathie in ihrem Restaurant „Maca de Castro" in Port d'Alcúdia kultiviert.
Dank ihres Vaters, selbst Gastronom, hat sie das Kochen einst als ihre „Sprache" entdeckt. „Von klein auf hat er mich in die besten Restaurants mitgenommen und zu Hause meinen Gaumen geschult. Als ich die Präsentation der berühmten Köchin Carme Ruscalleda sah, spürte ich, dass sich für mich ein Universum an Möglichkeiten und Kreativität in der Küche eröffnete." Eine Kreativität, die sie in ihren Lehrjahren auf der ganzen Welt geschult hat, und die dennoch im Einklang mit den Werten steht, die die Großeltern gelehrt haben. Gemeinsam mit Bruder Dani leitet die Unternehmerin die „Grupo de Castro", zu der unter anderem auch das „Jardín Bistró" in Port d'Alcúdia, das „Andana" in Palma und die „20° Restobar" in Düsseldorf gehören. „Beim Kochen geht es für mich darum, zunächst zu betrachten, was ich habe. Nur so kreiere ich meine Rezepte." Die eigenen Felder in Sa Pobla bezeichnet sie als „Rückgrat" dessen, was die Familie geschaffen hat: „Sa Pobla ist der Ursprung: Dort bearbeite ich vier Gemüsegärten zusammen mit Margalida, meiner ‚Payesa'." Für ihren nachhaltigen Ansatz hat Macarena de Castro zuletzt auch den „Grünen Michelin-Stern" verliehen bekommen.
Austausch mit den Landwirten, Respekt für die Umwelt – all das sei für ihr Tun essenziell. Auch, um Traditionen am Leben zu erhalten, die durch die Globalisierung in Vergessenheit geraten würden. Und so liebt sie noch immer die Speisen ihrer Kindheit, die voller Erinnerungen stecken – Tumbet mit Spiegelei im Sommer und Espinagada mit Aal zu Sant Antoni im Winter. Wenn die viel beschäftigte Sterneköchin eine Pause braucht, besucht sie die Bucht von Formentor: „Dort habe ich mein kleines Boot vertäut, mit dem ich segle, um mich mit mir und der Welt verbunden zu fühlen."

macadecastro.com, bistrodeljardin.com, andanapalma.es

STERNEKÖCHIN MACARENA DE CASTRO AUF EINEM IHRER FELDER

TIPPS

ESSEN

THE WINE SIDE

Port d'Alcúdia

„The Wine Side" existiert nicht nur in der Inselhauptstadt, sondern auch in Port d'Alcúdia. In familiärer Atmosphäre servieren Toni Cabanellas und sein Team hier Wein zu ausgesuchten Meeresspezialitäten wie den seltenen Entenmuscheln.

thewineside.es

LOS PATOS

Port d'Alcúdia

Eine Institution ist das vor fast 50 Jahren in einem alten Reisspeicher eröffnete Restaurant „Los Patos". Im Familienbetrieb am Rande des Naturparks S'Albufera werden Spezialitäten wie „Arroz Brut" oder traditionelle Aalgerichte zubereitet.

lospatosrestaurant.com

FUSION 19

Muro

Küchenchef Javier Hoebeeck und seine junge Equipe lassen in ihren Degustationsmenüs mediterrane Küche mit Einflüssen aus Asien und Südamerika verschmelzen. Ein Gourmet-Erlebnis, für das das „Fusion 19" mit einem Stern ausgezeichnet wurde. Im angegliederten „Gaikan" wird auch Sushi angeboten.

fusion19.com

PONDEROSA BEACH

Platja de Muro

Auf dem Weg zum kilometerlangen Strand kommt man an den „Casetes des Capellans" vorbei, Ferienhäuschen, die seit jeher Menschen aus Muro gehören. In der entspannten Strandbar „Ponderosa Beach" bestellt man Gerichte „vom Meer" oder „vom Land". Dazu gibt es „Ponderosa Spritz" und reichlich Urlaubsfeeling.

ponderosabeach.com

LA TERRAZA ALCANADA

Alcúdia

Wer das Restaurant „La Terraza Alcanada" wählt, hat die Wahl zwischen Restaurant- und Bistro-Terrasse – Letztere kreisförmig, ein wenig vorgelagert und dadurch noch näher am Meer. Beide bieten einen Blick auf den weißen Leuchtturm von Alcanada, der sich auf einer vorgelagerten Insel befindet.

laterrazaalcanada.com

SCHLAFEN

CAN MOSTATXINS

Alcúdia

Das Boutiquehotel „Can Mostatxins“ mit schmuckem Indoorpool verbindet Modernität mit uralter Geschichte. Ein Wachturm aus dem 13. Jahrhundert gehört ebenso zum Gebäudekomplex wie ein römischer Ölkeller.

hotelcanmostatxins.com

LA VICTORIA HOSTATGERIA

La Victoria

Das einfache Klosterhotel „La Victoria Hostatgeria“ mit Blick auf die Bucht von Pollença und das Cap Formentor befindet sich auf der gleichnamigen Halbinsel. Ein Dutzend Zimmer wartet in der ehemaligen Einsiedelei auf alle, die die umliegende Natur erleben und erwandern wollen.

cancalcohotels.com

PREDIO SON SERRA

Muro

Man darf Dieter Süßmann als einen Pionier der Finca-Hoteliers bezeichnen, empfängt er doch auf seinem Gut – zu dem sogar Reste talaiotischer Bauwerke gehören – bereits seit Mitte der 1980er-Jahre Besucher. Bei den „Barbacoa“-Grillfesten des Viersterne-Landhotels „Predio Son Serra“ sind auch Nichthotelgäste willkommen.

finca-son-serra.com

ERLEBEN

CIUTAT ROMANA DE POLLÈNTIA

Alcúdia

Die Ausgrabungsstätte schließt die römische Siedlung La Portella sowie Forum und Theater mit den Überresten einer prähistorischen Nekropole ein. Besondere Fundstücke können im „Museu Monogràfic de Pollèntia“ in Augenschein genommen werden.

Museu Monogràfic: Carrer de Sant Jaume, 30

OLI SOLIVELLAS

Alcúdia

Die Geschichte des Landguts „Es Guinyent“, auf dem Familie Solivellas feinstes Öl der Klasse „Natives Olivenöl Extra“ herstellt, geht bis ins Jahr 1232 zurück. Namhafte Küchenchefs wie Maria Solivellas, Macarena de Castro, Santi Taura oder auch Tim Mälzer sind Liebhaber der Spezialität, die man vor Ort kaufen kann.

olisolivellas.com

Offshore

SÜDLICHE BUCHT VON ALCÚDIA

FERNAB DER TOURISTENHOCHBURGEN

Macht man sich von Artà aus auf den Weg nach Son Serra de Marina, kommt man am historischen Landgut Son Serra vorbei. Dort, wo der Kirchturm von Sant Joan Baptista über den Bäumen hervorlugt, befindet sich gewissermaßen das alte „Dorf", auf dessen riesigem Gelände ab den 1950er-Jahren ein Teil des schachbrettartig angelegten Küstenortes entstanden ist. Fährt man dann zum ersten Mal durch die geraden Straßen von Son Serra de Marina, vorbei an ein- und zweigeschoßigen Häusern, in denen noch immer hauptsächlich spanische „Zweithausbesitzer" ihre Ferien verbringen, mag man zunächst irritiert sein. Weil die Atmosphäre irgendwie artifiziell ist mit der modernen Architektur. Aber auch, weil es so viel ruhiger ist als in klassischen Urlaubsorten. In Son Serra de Marina trifft man auf entspannte Menschen wie Mateo Porras Sagrera, der die Surfschule „Offshore" leitet. Auf der Suche nach der perfekten Welle ist Mateo viel durch die Welt gereist – und trotzdem immer wieder zurückgekehrt. Wenn die Dünung gut ist, sieht man Wellenreiter, die sich an ihren Autos den Neo überziehen. Und bei Badewetter versammeln sich am Strand von Sa Canova Menschen, die die wilde, geschützte Dünenlandschaft im Rücken ebenso lieben wie den weiten Blick in Richtung Cap Farrutx.

DIE TOTENSTADT AM MEER

Man muss kein geübter Wanderer sein, um einen der drei unterschiedlich langen Pfade zu wählen, die von der historischen Finca Son Real – heute im Besitz der Regierung und Museum – in Richtung der Nekropole am Meer führen. Mit Kindern sei eine der beiden kürzeren Routen empfohlen, die eher einem Spaziergang gleicht – vorbei an Schafen und putzigen schwarzen Schweinen, an würziger Macchia, Kiefern und Olivenbäumen. Wenn hinter all dem Grün das tiefe Blau des Meeres auftaucht, dann ist auch die prähistorische Totenstadt auf der Landzunge „Punta dels Fenicis" nicht mehr weit. Mit der Hilfe von Informationstafeln lässt sich das Gräberfeld erkunden, das zwischen 700 und 200 v. Chr. genutzt wurde und dessen archäologische Erschließung erst Mitte des 20. Jahrhunderts begann. Etwas mehr als 100 Grabstätten – je nach Entstehungszeitraum mal rund, mal hufeisenförmig, mal rechteckig aus Sandstein gebaut – sind den Einwirkungen des Meeres zum Trotz erhalten geblieben. An diesem eindrucksvollen Ort wurden Überreste von mehr als 300 Menschen gefunden, die nach ihrem Tod zumeist in Fötusstellung beerdigt wurden. Grabbeigaben wie Waffen und Schmuck finden sich heute im „Museu Monogràfic de Pollèntia" in Alcúdia. Nach dieser Reise in die Vergangenheit folgt man mit etwas Ausdauer der Küste ganz bis nach Son Serra de Marina. Oder spaziert zumindest ein kleines Stück am Wasser entlang, vorbei an den markanten Obelisken mit der roten Spitze, die einst als Peiltürme von der spanischen Marine errichtet wurden. Insgesamt finden sich davon 28 im Abstand von je 200 Metern hier an der Nordküste. Auf dem Weg zurück zur „Possessió", zu der fast 400 Hektar Land gehören, entdeckt man noch das „Refugi de Son Real", die „Schutzhütte". Die einfache Unterkunft steht jenen offen, die wissen wollen, wie sich eine Nacht allein im Naturschutzgebiet so anfühlt.

de.balearsnatura.com

GRÄBERFELD AUF DER LANDZUNGE „PUNTA DELS FENICIS"

DIE NEOKLASSIZISTISCHE KLOSTERKAPELLE DER ERMITÀ DE BETLEM

AUF DEN SPUREN DER EINSIEDLER

In den Sommermonaten beginnt die Wanderung zur Ermità de Betlem idealerweise am Morgen, wenn es noch nicht zu heiß für den Aufstieg ist. Oder sie endet am Abend, wenn die glühende Sonne hinter dem Tramuntana-Gebirge versinkt. Vom Parkplatz kurz vor Betlem aus betrachtet, mag man nicht glauben, dass man für den Aufstieg von drei Kilometern nur knapp eine Stunde benötigt. Doch es stimmt – auch wenn man zwischendurch immer wieder haltmacht, um nach wild lebenden Ziegen Ausschau zu halten oder einen sehnsuchtsvollen Blick aufs Meer zu werfen. Angekommen bei der Lourdes-Grotte an der Quelle Font de s'Ermità, an der Durstige sich seit jeher mit kühlem Wasser laben, sind es dann nur noch fünf weitere Minuten zur Ermità. Von Artà aus ist die Einsiedelei, die sich oberhalb des alten moslemischen Landguts Binialgorfa erhebt, immer auch Anziehungspunkt für Radfahrer, denen Serpentinen und Steigung nichts ausmachen. Wie mag es gewesen sein, als vor mehr als 200 Jahren Baumaterialien auf Eseln zu dem Hochplateau rund 280 Meter über dem Meeresspiegel transportiert werden mussten? Ab 1805 lebten hier Eremiten, und erst 2010 endete die Tradition, als die allerletzten Einsiedler den friedvollen, aber abgelegenen Ort aus Altersgründen in Richtung Valldemossa verließen. Heute erblickt man am Ende der langen Zypressenallee vor dem Klosterkomplex vielleicht noch Mönche, die bloß temporär vor Ort sind, um Pilger und Besucher in Empfang zu nehmen. Als hätten sie die Frage geahnt, erklären sie, wie man zum Mirador gelangt, von wo aus man einen noch einmal anderen Blick auf die Bucht hat. Einkehr findet man in der neoklassizistischen Kapelle mit sehenswertem Altar und Fresken in der Kuppel, bevor es ausgeruht wieder hinabgeht. Noch heute fast dieselbe Aussicht vor Augen wie einst die ersten Eremiten.

SONNENUNTERGANG IN COLÒNIA DE SANT PERE

„Beschaulich“ ist das Wort, das einem in den Sinn kommt, wenn man an Colònia de Sant Pere denkt. Und das darf unbedingt als Kompliment verstanden werden. Die größte Sehenswürdigkeit des Ortes, der gerade am Wochenende beliebter Anziehungspunkt für Einheimische ist, und in dem auch viele Mallorquiner ein Feriendomizil besitzen? Der Sonnenuntergang. Man betrachtet ihn von den Terrassen der Restaurants „Sa Xarxa“ oder „Es Vivers“ aus. Bestaunt ihn auf einer Bank unter Tamarisken an der Uferpromenade. Oder man versinkt ganz in seinen Rottönen, nachdem man seinen Kindern den Gefallen getan hat, auf einen der steinernen „Vivers de la Colònia“ zu klettern. Was wie in den Fels gesetzte Bunker anmuten mag, waren in Wahrheit geschützte Fischteiche, in denen dank einströmenden Meerwassers sowohl der Fang als auch die Köder frisch gehalten werden konnten. Bei Tag wählen geschichtlich Interessierte den Küstenweg Richtung Betlem, um den Dolmen von S'Aigua Dolça anzuschauen: Die mehrere Tausend Jahre alte, unversehrte Grabkammer ist erst 1995 entdeckt worden. Selbst wenn die Zahl der Ferienhäuser und luxuriösen Villen, die hier zwischen Meer und den Serres de Llevant, zwischen Feldern mit Weinstöcken, Feigen- und Mandelbäumen gebaut werden, deutlich steigt, konnte das dem Charme der Gegend bislang wenig anhaben. Alles geht langsam seinen Gang. Und auch das ist gut.

BLICK VON DER PROMENADE AUF DIE BUCHT VON ALCÚDIA

TIPPS

ESSEN

MOOMBA

Son Serra de Marina

Kalifornien oder Florida? Palmen- und Surferpanorama mögen derartige Assoziationen wecken, aber warum nicht ohne Vergleich genießen, was man hat? Das können in der „Moomba" der Blick auf die Joan-Bennàssar-Skulptur (siehe S. 204/205), ein Drink in der Hand oder Livemusik im Ohr sein. Am besten alles gleichzeitig.

@moomba.beachcafe

BLUE TAMARINDO

Son Serra de Marina

Die namensgebenden Tamarisken rahmen den Blick, der von der Terrasse des „Blue Tamarindo" aufs Meer fällt. Blau werden sie dank entsprechender Beleuchtung erst am Abend, wenn die Gäste frischen Fisch, Pasta-Gerichte, Pizza und die besondere Stimmung genießen.

bluetamarindo.com

CONDE DE SUYROT

Colònia de Sant Pere

Französische Seele, dänische Nuancen und ein mallorquinisches Herz. Das zeichnet laut Winzer-Duo Fabrice de Suyrot und Weingutsleiter Søren Rump die Kreationen von „Conde de Suyrot" aus. In der Probierstube oder auf der Terrasse mit Meerblick lassen sich etwa der Rotwein „Sa Tortuga" oder der Rosé „Es Cap Roig" verkosten – die Namen sind eine Hommage an einheimische Tierarten.

condedesuyrot.com

SA XARXA

Colònia de Sant Pere

„Perle am Ende der Welt" nennt sich das Restaurant „Sa Xarxa", was übersetzt „Fischernetz" bedeutet. Mit viel Liebe fürs Detail gestaltet – von bunt umstrickten Bäumen auf der Terrasse bis zu bestickten Servietten –, wird hier gern fangfrischer Fisch aufgetragen. Und der schmeckt noch besser bei Sonnenuntergangsspektakel.

sa-xarxa.com

ES VIVERS

Colònia de Sant Pere

Marktfrische Küche und modernes Interieur erwarten Besucher bei „Es Vivers". Da der Küchenchef Italiener ist, finden sich neben Fisch auch Pizza- und Pasta-Kreationen auf der Karte. Den Blick gibt es auch hier gratis dazu.

esvivers.com

SCHLAFEN

CARROSSA HOTEL & SPA

Artà

Seit 2015 empfängt das Fünfsternehotel „Carrossa" Gäste, die den Charme eines herrschaftlichen Landsitzes ebenso schätzen wie das umfassende Spa- & Wellnessangebot und das Fine-Dining-Restaurant. Und natürlich den wahrlich imposanten Panoramablick etwa auf die Bucht von Alcúdia.

carrossa.com

REFUGI DE SON REAL

Santa Margalida

Große Hotels? Gibt es an diesem Teil der Küste nicht. Eine Übernachtungsmöglichkeit ganz anderer Art ist die „Schutzhütte" auf dem Areal der Finca Son Real. Luxus? Ist die lebendige Natur rundherum.

caib.es/sites/espaisnaturalsprotegits/ca/refugi_de_son_real-39780/

EL SOL

Son Serra de Marina

Das „El Sol" ist nicht nur legendäres und besonders bei Familien äußerst beliebtes Restaurant am Anfang des Strandes Sa Canova, sondern auch ein Hostal mit – nennen wir es „hippiesk" – eingerichteten Studios.

sunshine-bar.net

ERLEBEN

OFFSHORE

Son Serra de Marina

Bei Mateo und seinem Team darf man ausprobieren, wie Wellenreiten funktioniert und wie gut es sich anfühlt, nach einer Trainingsstunde auf dem Brett gestanden zu haben (siehe Foto S. 104/105). Spielt das Meer nicht mit, lassen sich auf der „Ramp" Skateboards testen.

@offshore_mallorca

HUEMUL ESTUDIO

Son Serra de Marina

Gemeinsam kreieren Anna Carrascal und Matías Ponsico die von Hand gefertigten Taschen aus natürlich gegerbtem Leder. Warum in Son Serra? „Weil hier Frieden herrscht", sagt Anna, die den Stil ihrer Taschen, Rucksäcke und Accessoires als „mediterran" beschreibt. „Wir suchen nach Einfachheit, Komfort und Eleganz."

huemulleather.com

ALOE VERA FARM

Santa Margalida

Die Kräfte dieser Pflanze sind seit Jahrhunderten bekannt: Auf der „Aloe Vera Farm Mallorca" in Santa Margalida werden aus dem heilenden Saft der sonnenhungrigen Sukkulente diverse Produkte hergestellt – von der Naturkosmetik bis zum erfrischenden Drink. Die Manufaktur lässt sich ebenso in Augenschein nehmen wie biozertifizierte Pflanzen.

aloe-mallorca.com

ARTÀ

ZURÜCKHALTENDE SCHÖNHEIT

Allgemein wird dem Norden ein wenig mehr Zurückhaltung nachgesagt. Dass ebendiese Eigenschaft einen besonderen Charme haben kann, beweist die Gemeinde Artà mit ihren nur rund 8.000 Einwohnern. Weithin sichtbar dank des emblematischen Wahrzeichens – der Burganlage rund um die Wallfahrtskirche auf dem Puig de Sant Salvador –, will die Kleinstadt nicht vordergründig gefallen. Sie genügt sich selbst mit ihrer jahrhundertelangen Geschichte, die von Seeräubern, von arabischer und katalanischer Herrschaft, von wohlhabenden Landbesitzern und echter Handwerkskunst erzählt. All das lässt sich noch heute entdecken. Nicht unbedingt an Markttagen, sondern lieber dann, wenn es ruhig genug ist, um das weiche Mallorquí, die Sprache der Einheimischen, wahrzunehmen. Wenn man im Schaufenster von ArtArtà einen freien Blick auf die geschnitzten Köpfe des Paares Xisquet und Xisqueta hat, das bei Volksfesten zum Leben erwacht. Oder während man beim Gang hoch zum Kalvarienberg mit jeder der 180 Stufen ein bisschen mehr der Gegenwart entsteigt. Als erste Stadt Mallorcas darf sich die, deren Name vom arabischen Wort für Garten abgeleitet wird, „Città Slow“ nennen. Und es passt – im allerbesten Sinne.

180 STUFEN FÜHREN HOCH ZUM KALVARIENBERG

EMPOR ZUR SCHUTZPATRONIN

Früher oder später wird ihn jeder Besucher von Artà nehmen: den Weg hoch zur Wallfahrtskirche Santuari de Sant Salvador, die sich im Innern einer alten Verteidigungsanlage befindet. Radfahrern und allen, die sich von der Rückseite über die Straße nähern, liegt dabei die urwüchsige Landschaft des Parc Natural de la Península de Llevant zu Füßen. Wer den klassischen Pilgerweg wählt, hält zunächst bei der spätgotischen Kirche Sa Transfiguració inne, auf deren Gelände einst eine Moschee stand. Danach geht es an fünf großen Steinkreuzen vorbei hinauf über die zypressengesäumte Kalvarientreppe – immer mit Blick über terrassierte Gärten und die Dächer der Stadt bis hin zum Meer vor Canyamel, von wo einst Piratenangriffe drohten. Es ist die strategische Position, die dem Hausberg Puig de Sant Salvador mit seiner Wehranlage über Jahrhunderte große Bedeutung verlieh. Relikte aus prähistorischen Zeiten lassen sich auf dem Areal ebenso finden wie solche mit römischem Bezug. Der lange verwendete Begriff Almudaina stammt aus der rund 300 Jahre währenden Epoche, in der die Mauren auch im Nordosten der Insel herrschten. Danach, im 13. Jahrhundert zu Zeiten des Königs Jaume I., war die Burg mit ihren Albacaras, den acht Wehrtürmen, weiterhin schützendes Bollwerk. Im Innern der nachträglich mit Zinnen besetzten Mauern wird im Santuari de Sant Salvador die Statue Mare de Déu (Mutter Gottes) bewahrt – seit 1922 offiziell Schutzpatronin Artàs. Die hölzerne Jungfrau trägt typische Darstellungsmerkmale aus dem 12. und 13. Jahrhundert. Dass das Äußere der Kirche, in die die Madonna vor mehr als 500 Jahren aus dem Kloster Bellpuig gebracht worden ist, sich dem Stil der Renaissance annähert, liegt an einem weiteren Kapitel bewegter Historie: Nach der Pest 1820 wurde der ursprüngliche Bau abgerissen, weil er als Krankenhaus gedient hatte. Neu errichtet und ein Dutzend Jahre später feierlich geweiht, verkörpert Sant Salvador noch heute das spirituelle Zentrum der Stadt.

maioricasacra.org

POESIE AUS PIGMENTEN

Hinter dem Garagentor ist spanische Musik zu hören. Durch einen leicht geöffneten Spalt sieht man Joan Peix, ganz versunken in seine Arbeit. Während weiter oben an der belebten Carrer d'Antoni Blanes Joan möglicherweise gerade jemand vor seiner Galerie stehen geblieben ist, weil der Blick auf ein Bild ihn hat innehalten lassen, ist der Maler in dieser unscheinbaren Nebenstraße ganz für sich. Zwischen dicken Mauern aus Marès-Kalkstein und umgeben von seinen Werken, die hier nicht vor hellem Hintergrund inszeniert werden, sondern auf Tischen lagern und an Wänden lehnen, gibt sich Joan Peix einem sehr persönlichen Zwiegespräch hin. „Meine Bilder entstehen in einem Dialog", sagt der Künstler. Und auch wenn der Ausgang jedes Mal wieder ungewiss ist, so haben seine Malereien eines gemein: Sie erzählen vom Meer, von Licht und von Landschaften, die Teil von ihm sind.

Inspiriert von der Kunst, die er in den Museen Madrids gesehen hatte, fing er mit 18 Jahren an zu malen. Ein Lehrer in seiner Heimatstadt Artà vermittelte ihm schon damals eine Technik, die er weiterentwickelt und zu seiner eigenen gemacht hat: Auf einen hölzernen Untergrund bringt er flüssigen Klebstoff auf, den er mit seinen eigenen „Zutaten" mischt. Aus kleinen Marmolina-Steinchen werden Felsen, aus blauem Farbpulver der Ozean und aus Erde, die er in Gläsern aufbewahrt, vielleicht eine Küstenlinie. In der Flüssigkeit setzen sich Pigmente ab wie Sedimente in der Natur. „Ich habe zunächst eine Idee von der Komposition des Bildes. Was dann entsteht, folgt jedoch einem eigenen Rhythmus. Und ich höre zu, was das Bild mir sagt." Joan Peix lebt von der Kunst, seit er Mitte 20 ist. Nur die metallenen Rahmen, mit denen er viele seiner Bilder einfasst, erzählen noch davon, dass er zunächst mit seinem Vater Fenster aus Eisen fertigte.

Der Respekt vor der Natur ist in jeder Arbeit präsent. Die Gefühle, die der Künstler mit seinen Kreationen transportiert, sind ganz verschieden. Da sind diejenigen, deren Farben und Texturen an die ursprünglichen Landschaften vor seiner Haustür erinnern. An das immer andere Blau des Meeres, das Joan Peix bei seinen Spaziergängen zur Bucht von Es Caló aufnimmt. Draußen im Hof trocknet auf einem Holzgestell ein kreisförmiges Bild, zu dessen Form ihn die Vertiefungen angeregt haben, wie man sie in den Felsen am Meer findet. Und ein kleines Quadrat auf einem Sims macht das satte Rosa der Salinen und die ockerfarbene Erde von Menorca lebendig, die er – natürlich – von einem seiner Ausflüge mitgebracht hat.

Wie bedeutungsvoll Reisen für Joan Peix sind, zeigt ein großformatiges Bild, das in einer Ecke des Raums lehnt. Die darauf gemalten filigranen Blätter in herbstlichem Rot verkörpern eine ganz eigene, fast poetische Ästhetik. Sie sind eine Erinnerung an den Japanbesuch der Familie. „Indien, Myanmar, Costa Rica – auf solchen Reisen habe ich immer ein Buch dabei, in dem ich Skizzen und Gedanken festhalte." Diese ledernen Notizbücher sammelt Joan Peix seit vielen Jahren und hütet sie wie einen Schatz. Seine Bilder hingegen seien „frei", und er lässt sie klaglos ziehen. Die meisten davon finden ihren Platz in Deutschland, in Österreich und der Schweiz. Wenn der Mallorquiner gerade nicht malt, dann trifft man ihn in den Räumen der Galerie. In den letzten Monaten des Jahres meist ein bisschen häufiger als im Sommer, wenn ihn das Licht beim Arbeiten beflügelt und die Kraft der Sonne die Bilder zügig trocknen lässt. Der Winter ist die Zeit, in der er nach Inspiration sucht. In den Gedichten von Borges und Mario Benedetti. Und immer wieder in der Stille der urwüchsigen Natur, in der Joan Servera Flaquer so fest verwurzelt ist. Peix? Das bedeutet Fisch und ist eigentlich nur ein Spitzname. Hier in Artà haben alle alteingesessenen Familien einen.

joanpeix.com

MALER JOAN PEIX IN SEINEM ATELIER

MIT DEM RAD UNTERWEGS AUF DER VIA VERDE

Diejenigen, die 1977 das Ende der Eisenbahnverbindung zwischen Artà und Manacor betrauerten, hätten sich wahrscheinlich kaum vorstellen können, dass sich die alte Trasse rund 40 Jahre später zu einem Anziehungspunkt für Wanderer, Jogger, Radfahrer und sogar Reiter entwickeln würde. „Via Verde" nennt sich die Strecke, die über Son Servera, Son Carrió und Sant Llorenç verläuft. Und mit seinen rund 30 Kilometern macht dieser „grüne Weg" tatsächlich nur einen Bruchteil des spanischen Netzes aus stillgelegten und umgewandelten Bahnstrecken aus, das sich mittlerweile über mehr als 2.000 Kilometer erstreckt.
Im ehemaligen Bahnhof von Artà, in dem 1921 die Inbetriebnahme der Bahnlinie und der Einzug des Fortschritts gefeiert worden waren, kann man heute im Tourismusbüro nicht nur Informationen einholen und einheimische Produkte kaufen, sondern auch Räder leihen. Ein normales Trekkingrad reicht aus, um sich auf den weitgehend ebenen Weg zu machen. Und wer zu Fuß unterwegs ist, muss nicht mit Wanderschuhen ausgestattet sein, Wasser und Sonnenschutz sind wichtiger. Auch auf der Via Verde ist der Weg das Ziel: Dieser startet in der Nähe des Agromart-Parkplatzes und führt vorbei an typischen Landschaften der Serres de Llevant mit Rosmarin und wildem Fenchel, mit Oliven-, Mandel-, Feigen- und Johannisbrotbäumen. Wer sich für die Flora und Fauna interessiert, findet diverse Informationstafeln an der Strecke. Ob man den ganzen Pfad erkunden möchte oder nur einzelne Etappen, die immer wieder von alten Tunneln, aufgegebenen Bahnhöfen und einem halben Dutzend Ruhe- und Picknickzonen unterbrochen werden, bleibt jedem selbst überlassen. Viele Naturliebhaber entscheiden sich für die rund anderthalbstündige Radtour bis zum alten Bahnhof von Sant Llorenç – immerhin geht es danach ja auch wieder zurück. Allemal ausreichend, um eine Idee von dem kontemplativen Zustand zu bekommen, den Pilgernde auf ihrer Reise haben mögen.

Bahnhof Artà, Avinguda de Costa i Llobera, 7
Weiterer Radverleih: labicicletta.es

DESIGNERIN LAURA MICHELETTI GIBT EINBLICKE IN DIE KORBFLECHTKUNST

ALTES HANDWERK UND NEUE IDEEN

Es ist kein Geheimnis, dass man sich mitunter treiben lassen muss, um Besonderes zu entdecken. „Espai Kamàndalu" unweit des Rathauses ist so eine Entdeckung. Schon nach dem Schritt über die Türschwelle spürt man die tiefe Ruhe, die von diesem Ort ausgeht. Das hat zunächst mit den hellen Räumen und den darin verbauten Naturmaterialien zu tun. Mehr jedoch mit Laura Micheletti, die wahrscheinlich gerade auf einem flachen Hocker sitzt, zwischen ihren Knien den Boden eines Korbs oder einer Tasche, dessen Geflecht sie beständig und mit den immergleichen Bewegungen wachsen lässt. „Llata" nennt sich die Kunst, Objekte aus getrockneten Blättern der Zwergpalme „Garballó" zu winden. Ein uraltes Handwerk, wie es hier im Nordosten seit jeher Brauch ist. Und so hat auch die Italienerin, die zuvor als Modedesignerin arbeitete und die sich 2014 in Artà verliebte, ihre Profession von alten Meisterinnen gelernt: den „Madones de sa Llata" in Capdepera.
Über Jahre hat sich Laura Micheletti das Wissen darüber angeeignet, wie man Fasern herstellt und wie man diese beherrscht, um daraus immer neue Einzelstücke entstehen zu lassen. Längst vollendet die Kreative eigene Designs wie

Korbtaschen mit Fransen, die moderner wirken als die Modelle, die man anderswo so sieht. Sie will helfen, handwerkliches Erbe zu bewahren – auch indem sie sich mit anderen jungen Kreativen zusammentut. Die enge Beziehung zu ihren Lehrmeisterinnen besteht dennoch fort.
„Erst sehr spät hat man mir gezeigt, wie man die richtigen Blätter sammelt und präpariert." Mittlerweile ist es ihr Mann, der zwischen Juni und August den Rohstoff für ein ganzes Jahr erntet. Früh am Morgen macht er sich fast täglich auf in die Berge und schneidet geeignete Blätter mit einem speziellen Werkzeug, um die Pflanze nicht zu verletzen. „Man kann mit derartigen Materialien nur arbeiten, wenn man die Natur respektiert." Acht Tage werden die Palmblätter im Schatten getrocknet, noch einmal zehn in der Sonne – abhängig von Wetter und Monat. Weitere sieben bis zehn Tage dauert es, diese im „Ensofrador" zu behandeln: einer hermetisch abgeschlossenen Box, in der der beißende Rauch entzündeten Schwefels die Blätter weich macht und bleicht, bis sie ihre typische helle Farbe angenommen haben. Doch Laura Micheletti ist geduldig. Dazu passt, dass sie auch als Yogalehrerin arbeitet. „Etwas mit den Händen zu schaffen hilft, ganz in der Gegenwart zu leben. Und es verlangsamt die Zeit." Wahrscheinlich hat man deshalb keine Eile, ihr Atelier zu verlassen.

espaikamandalu.com

LUXUS DER STILLE

Vielleicht ist es der Blick aus genau jenem Fenster, der das Wesen von „Es Racó" offenbart. Wie bei einem Gemälde rahmt schlichtes Holz die Aussicht auf Pflanzen, die hier im Naturpark der Halbinsel Llevant schon immer heimisch waren. In dem flachen Gebäude, in dem einst Schweine untergebracht waren und ihren Nachwuchs geboren haben, ist die Stille so gegenwärtig, dass man meint, sie zu hören. Antoni Esteva hat die Energie des alten Stalls instinktiv gespürt und diesen in einen Rückzugsort für Yoga und Meditation verwandelt. Dabei handelt es sich jedoch bloß um einen kleinen Teil des 200 Hektar großen Areals „Es Racó", das der bekannte Architekt zusammen mit Freund und Bauunternehmer Jaime Danús über Jahre zu einer Hotelanlage umgebaut und gleichzeitig zu einem Vermächtnis gemacht hat.
Die Verknüpfung von Design und Nachhaltigkeit überrascht längst nicht mehr. Wirklich besonders ist jedoch die in dieser Enklave so authentische und allgegenwärtige Wertschätzung der eigenen Kultur. Sie zeigt sich in der Liebe zu dem mächtigen, uralten Feigenbaum im Eingangsbereich genauso wie in der sorgsamen Anpflanzung Hunderter neuer Olivenbäume und Weinstöcke sowie der einheimischen Weizenart Xeixa; in der Bewahrung der Tafona, der

steinernen Olivenpresse, wie in der Einbindung von Kunstwerken lokaler Größen wie Jaume Roig und Adriana Meunié. Auch vom Hausherrn selbst sind Bilder zu finden – 78 Exemplare brachte er nach der Coronazwangspause mit. Für jedes einzelne hatte er längst einen festen Platz im Sinn. Kleine Details sind in diesem Hotel von großer Bedeutung: das selbst gepresste Olivenöl, die eigene Naturkosmetik, die gekalkten Wände, das organische Wachs, mit dem das Holz gepflegt wird. Natürlich gibt es Pools zur Erholung. Aber eben auch Kurse, in denen man Brot backen oder einer Korbflechterin über die Schulter schauen kann, um mehr vom Erbe und der Seele dieses Landstrichs zu erfahren.
Einst war auf dem weitläufigen Gelände eine muslimische Gemeinde ansässig, seit dem 13. Jahrhundert bewirtschafteten dann Christen ein landwirtschaftliches Gut. Zu Zeiten der Pest vor rund 200 Jahren fanden Bewohner Artàs an diesem Ort Zuflucht, während Kranke bis nach Colònia de Sant Pere gebracht wurden. Zuletzt stand „Es Racó" jahrzehntelang leer. Und Antoni Esteva? Hat die umliegenden Wege gen Cala Torta und Cala Mitjana schon als Jugendlicher erkundet und lieben gelernt. Auf Mallorca hat der Architekt bereits Hotels wie „Son Gener", „Sa Pleta de Mar" und „Convent de la Missió" kreiert. Und auch dieses vom Naturschutzgebiet umarmte Terrain ist ein Gegenentwurf zum Massentourismus, der Teile der Insel unwiderruflich geprägt hat. Selbst schon jenseits der 80, versucht der gebürtige Mallorquiner weiter, auf seine eigene leise Art das Gleichgewicht wiederherzustellen. Indem er Menschen ermutigt, ihre Sinne zu nutzen – und eigene Schlüsse daraus zu ziehen.

esracodarta.com

MIT DER NATUR VERBUNDEN: DAS HOTEL „ES RACÓ D'ARTÀ"

TIPPS

ESSEN

SA GRIPIA

Selbst an übervollen Markttagen ist der zitronenbaumbestandende Patio des Restaurants „Sa Gripia“ eine Oase der Ruhe und abends bei Kerzenlicht ein fast verwunschenes Idyll. Der Hof stellt einen Teil des Gebäudekomplexes „Can Cardaix“ dar. Das Herrenhaus aus dem 17. Jahrhundert ist die Geburtsstätte der Künstlerin Aina Maria Lliteras und heute Museum.

Sa Gripia: Carrer de la Rosa 1
Can Cardaix: Carrer Rafael Blane 14

SES COSINES

Wenn die Kinder Appetit auf einen Burger haben, dann gibt man gern bei „Ses Cosines“ nach. Das junge Gastro-Team serviert den Klassiker auf ganz besondere Weise – zum Beispiel getoppt mit lokalen Zutaten wie Sobrasada oder Ziegenkäse.

@sescosines_restaurant

FORN NOU

Wo sich früher die Bäckerei seines Großvaters befand, liegt nun das „Forn Nou“ von Toni Miquel Amorós: ein Boutiquehotel, von dessen Dachterrasse man einen einmaligen Blick hat. Das Restaurant mit Degustationsmenü sei jenen ans Herz gelegt, die sich gern ein wenig abseits halten. Kleinigkeiten bekommt man im Café-Bistro an der historisch interessanten Plaça de l'Aigua.

fornnou-arta.com

SCHLAFEN

JARDI

Zentral in einem alten Stadthaus gelegen, bietet das „Jardi“ neun Zimmer und zwei Suiten für Gäste, die ein stimmungsvolles Ambiente mit verwinkeltem Garten, Wellness („Day Pass“ möglich) und ambitionierter Küche schätzen.

hotel-arta.com

SANT SALVADOR

Der Aufenthalt im „Sant Salvador“ gleicht einer kurzen Zeitreise: Am Fuße der gleichnamigen Kirche beherbergt der Stadtpalast mit Innenhof, dessen geschwungene Fassade auf Antoni Gaudí zurückgeführt wird, nur wenige, sehr individuell gestaltete Suiten. Dienstags Konzert- oder Flamenco-Abende.

santsalvador.com

YARTAN

„Sa Calobra“, „Cabrera“, „Sa Dragonera“ – die Namen der vorrangig in Weiß gehaltenen zwölf Zimmer des Boutiquehotels „Yartan“ imaginieren eine Reise über die Insel. Für Entspannung sorgen Außenschwimmbad, Hammam und balinesische Betten inmitten ursprünglicher Vegetation.

yartanhotels.com

TRE13CE

Der Concept-Store „Tre13ce“ ist beliebter Anziehungspunkt für Frauen, die dauerhaft oder zumindest regelmäßig auf der Insel leben. Mit Carmen Hinrichs treffen sie auf eine Wahl-Mallorquinerin, die ausgewählte Mode von internationalen Marken verkauft sowie Jivamukti-Yoga-Kurse anbietet. Außerdem haben sie die Gründerin des noch jungen „Women's Network Mallorca“ vor sich.

tre13ce.com

BABAM

Es fällt schwer, am Portal von „BaBam“ vorbeizugehen. Während Inhaber Iván gerade eine Lampe aus Esparto-Gras an die hohe Decke hängt, befühlt man baumwollene Tücher, schnuppert an Seifenstücken und findet in einem Winkel einen hübsch „untouristischen“ Fächer. Zum Abschied schnell noch Hündin Raimunda gestreichelt.

babam.es

PEPNOT CONTEMPORARY ART HOUSE

Wechselnde Ausstellungen zeitgenössischer Künstler bietet die Galerie „Pepnot“, die nicht nur Malerei und Skulpturen zeigt, sondern etwa auch Keramikarbeiten von Dora Good oder Joan Pere Català Roig.

pepnotgaleria.com

SES PAÏSSES

Auf Mallorca existiert eine Vielzahl an archäologisch bedeutsamen Stätten, die noch aus der prähistorischen Talaiot-Kultur stammen. Zu den Anlagen, die besonders gut erhalten sind, gehört Ses Païsses. Die Siedlung wird auf etwa 850 v. Chr. datiert.

Archäologische Route: illesbalears.travel

ART DE LA PAUMA

Am „Eingang“ zum Parc Natural de la Península de Llevant, wo auch Zwergpalmen wachsen, finden sich regelmäßig diejenigen ein, die die „Art de la Pauma“, die Korbflechtkunst, pflegen, bewahren und erlebbar machen wollen.

Centre d'informació del parc, Ma-3333
@artdelapauma

ZWISCHEN CALA RAJADA UND SON SERVERA

LANGLEBIGE KUNST STATT LANGER PARTYNÄCHTE

Die Assoziationen, die einem beim Namen „Cala Rajada“ in den Sinn kommen, sind nicht falsch. Doch bevor Touristenshops oder Party-Lokalen zu viel Raum gegeben wird, sei das andere Gesicht der „Rochenbucht“ erwähnt, deren Fischereihafen noch immer der zweitwichtigste Mallorcas ist. Selbst wenn Cala Rajada baulich grundsätzlich keine Schönheit sein mag, findet vorn am Wasser – am Hafen wie an der kürzlich sanierten Promenade – ganz sicher jeder ein Restaurant oder eine Aussicht nach seinem Geschmack. Die Auswahl an Zerstreuung ist groß im beliebten Ferienort, wo mit dem inhabergeführten „Hostal Ca's Bombu“ bereits 1885 das erste Hotel eröffnet wurde. Eine Vielzahl an Stränden findet sich nördlich wie südlich, und diese sind – wie etwa die versteckte Platja de Ses Cavasses mit ihrem karibischen Blau – Sehnsuchtsorte selbst für Alteingesessene. Ruhepol ist der Gemeindesitz Capdepera, ein charmantes Städtchen, über das weithin sichtbar die alte Burganlage wacht. Wer von dort oben oder auch vom alten Flucht- und Wehrturm Torre de Canyamel (siehe Foto S. 182/183) aus auf die friedvolle Landschaft und das Meer blickt, der versteht den besonderen Reiz des bodenständigen Nordostens.

DER SKULPTURENPARK DES „BLINDEN TURMS“

Anmutig thront die Villa weit oben zwischen dem Hafen von Cala Rajada und der kleinen Cala Gat. Wahrgenommen hat sie wohl jeder schon, der in dem Ferienort seinen Urlaub verbracht oder nur eines der Restaurants besucht hat, die sich an der Promenade aneinanderreihen. Mag sein, dass manche das Gebäude auch in einem der Filme gesehen haben, die hier gedreht wurden. Mit Sean Connery, Michael Caine oder Anne Hathaway. Dass „Sa Torre Cega“ (siehe Foto S. 126/127) einst Sommersitz der Bankiersfamilie March war, wissen indes nicht alle. Und nur wenige, dass sich der umliegende Skulpturenpark nach Voranmeldung besichtigen lässt.

So ist es auch bloß eine kleine Gruppe, die sich an diesem Tag aufmacht, um mit Führerin Esmeralda den Hügel hinaufzuspazieren, auf dem einst die Ruine jenes Bauwerks stand, das dem Sommerhaus seinen Namen gab: Der „Blinde Turm“, als Schutz vor Piraten errichtet, war von anderen Wachtürmen aus nicht sichtbar. 1915 wurde das Grundstück von Juan March Servera erworben, und Architekt Guillem Reynés Font begann im Folgejahr mit der Planung des dreistöckigen Gebäudes. Über die Jahrzehnte wurde das quadratisch angelegte Haus mit dem Seitenturm mehrfach umgestaltet. Erst ab den 1960er-Jahren, nachdem der Besitz an Kunstliebhaber Bartolomé March Servera übergegangen war, entstand mithilfe des englischen Landschaftsgärtners Russell Page der Park mit einer damals avantgardistischen Vision: Kunst und Natur sollten eins werden.

Zwischen gefälligen Orangenbäumen und malerischen Seerosen, zwischen struppigem Rosmarin, duftendem Lavendel und uralten Oliven lassen sich

„DER RAUB DER EUROPA“

rund 40 Skulpturen aus dem 20. Jahrhundert entdecken. Etwa die Tierfiguren des spanischen Bildhauers Francisco Otero Besteiro, aber auch internationale Werke wie die Metallarbeit der Berlinerin Brigitte Meier-Denninghoff. Früher, so wird erzählt, sei es ausgewählten Kreativen sogar erlaubt gewesen, zur Fertigstellung ihres Projekts an diesem weltentrückten Ort zu wohnen – was mitunter mit Nachdruck beschleunigt werden musste. Heute lässt die Führung einen kurzen Besuch im Haus zu, in dessen Patio das psychedelisch anmutende blau-weiße Bodenmosaik von Josep Brú aus Artà die Aufmerksamkeit auf sich zieht. Weil sich die „Fundación Bartolomé March Servera" in Palma unter anderem der Förderung von Musik verschrieben hat, finden in den Sommermonaten Konzerte zu Füßen des „Torre Cega" statt. Auch an diesem Tag wird eine kleine Bühne aufgebaut. Nach Sonnenuntergang werden Besucher auf der majestätischen Treppe Platz nehmen, um unter freiem Himmel einem Jazztrio zu lauschen. Ihr Blick wird auf die Allee mit Zypressen fallen, die alle 20 Jahre erneuert werden, damit sie torförmig zusammenwachsen können. Für den Trubel unten im Ferienort Cala Rajada jedoch wird man auch an diesem Abend blind sein.

fundacionbmarch.es

DIE BEWAHRERINNEN

Die Form der Hände der drei Margalidas ist sehr ähnlich. An der Innenseite des Handrückens eine leichte Erhebung, die Finger im rechten Winkel gekrümmt – ein bisschen so, als seien sie eingefroren. Hände, die eine Geschichte erzählen. Von einem Handwerk, das die drei alten Frauen bereits als kleine Mädchen von ihren Müttern gelernt haben, so wie diese davor von ihren. Einem Handwerk, das hier in Capdepera wie im gesamten Nordosten, wo die Zwergpalme „Garballó" gedeiht und der Boden oft nicht für die Landwirtschaft taugte, eine uralte Tradition hat.

Einmal in der Woche treffen sich die „Madones de sa Llata" in einer Seitenstraße, um in einer ehemaligen Garage für ein paar Stunden gemeinsam an Korbwaren zu arbeiten. Gemeinsam bedeutet hier nicht, dass jede einem eigenen Projekt nachgeht. Die drei Frauen, die tatsächlich alle denselben Vornamen tragen, sitzen sich gegenüber, und sie teilen sich die Arbeit auf: Während eine aus getrockneten und hell gebleichten Palmblättern, von denen ein gebündelter Vorrat oben auf dem Dachboden lagert, kleine Streifen macht, flicht die Nächste daraus akkurat mehrere Zentimeter breite zopfartige Bänder, die sogenannten „Llatas". Im nächsten Schritt werden diese mit robusten Nadeln zusammengenäht, um eine neue Tasche zu formen. Irgendwann, wenn es so weit ist.

„MADONES DE SA LLATA“: DIE ÄLTESTE DER DREI MARGALIDAS

Die Zeit wurde hier noch nie gemessen. Was das Schwerste ist? „Alles“, sagt eine der Margalidas, und alle lachen.

Traditionell für den Einsatz im Haushalt und auf dem Feld gefertigt, sind die weichen, aber gleichzeitig robusten Körbe heute vor allem dekorative Accessoires. Die jüngste der drei Frauen, Anfang 80, hat neben sich ihre eigene Tasche stehen: „Meine Mutter hat sie mir gemacht, die Tasche ist bestimmt 40 Jahre alt. Wenn sie nicht nass werden, können sie auch 100 werden.“ Nur noch wenige Jahre von der 100 entfernt ist die älteste Margalida, die abwinkt, als sie scherzhaft „Chefin“ genannt wird. „Als ich jung war, kamen oft die Nachbarn draußen zusammen, um alle zusammen diesem Handwerk nachzugehen und zu reden.“ Und die nächste Margalida erinnert sich: „Ich weiß noch, wie ich nach der Schule erst einmal anderthalb Stunden Llata machen musste, bevor ich spielen gehen durfte.“ Als Zwölfjährige sei sie dann mit ihrem Vater, der in Capdepera ein Geschäft hatte, mit dem Esel unterwegs gewesen, um Körbe von den Nachbarn einzusammeln. „Sie tauschten dafür bei uns Lebensmittel ein. Ich führte Buch.“ Schon immer hat die Korbflechterei zum Alltag gehört. Und die eigenen Töchter? „Sind zu beschäftigt“, stellt die 82-Jährige ganz ohne Bitterkeit fest.

An diesem Tag ist eine „Auszubildende“ zu Gast, mit Anfang 70 die Jüngste. Wer von den Besten lernen möchte, muss schon zu ihnen kommen. Auch wenn sich etwa mit „Art de la Pauma“ eine Gruppe gebildet hat, die regelmäßig im Naturschutzgebiet von Artà zusammenkommt, um ihr Wissen weiterzugeben, bleiben die drei Margalidas lieber in kleiner Runde. Und dort, wo sie leben. Das, was sie hier so beständig tun, ist kein Hobby, sie verdienen damit einen Teil ihres Lebensunterhalts. Fast alle Taschen werden für zwei Modemarken gefertigt, eine davon „Antic Mallorca“. Im Mai, wenn der Mittelaltermarkt die Besucher von Burg und Ort auf Zeitreise schickt, verkauft auch dieser exklusive Zirkel ein paar Korbwaren, die schon an ihrer sorgfältigen Machart als echtes

Handwerk zu erkennen sind. Vom Gewinn bezahlen die Frauen denjenigen, der in den Bergen die Palmblätter für sie schneidet – eine Tätigkeit, die früher die Ehemänner übernommen haben.
Vor der geöffneten Tür hält ein junges Touristenpaar inne und schaut zaghaft in den Raum. „Nicht viele kommen herein, um zu fragen, was wir hier machen", sagt eine Margalida und blickt bald wieder auf ihren Schoß, wo ihre Hände der vertrauten Arbeit nachgehen, als würden sie sich ganz von allein daran erinnern.

LOB DER LANGSAMKEIT

Es ist eine tiefe, eine alte Verbundenheit zu diesem Ort. Und sie wird greifbar, wenn man Rosa Esteva in „Sa Pleta Freda" besucht – der Kunstgalerie, die ihr Vater, Architekt Antoni Esteva, 1975, im Jahr ihrer Geburt, in Son Servera eröffnet hat. „Ich bin inmitten von Ausstellungen und Künstlern aufgewachsen, die mich inspiriert und mehr oder weniger stark meinen Geschmack geprägt haben", sagt die Modedesignerin und lässt den Blick über Bilder und Skulpturen der aktuellen Ausstellung schweifen, die sie im Sommer zusammen mit ihrem Vater kuratiert hat. 2001 hat Rosa Esteva ihr Label „Cortana" gegründet und zwei Jahrzehnte in Barcelona gelebt, um dann kurz vor Corona mit ihrer Familie zurück nach Mallorca zu kommen. Dort habe sie sich wieder mit ihren Ursprüngen verbinden können. „Die Schönheit der Insel durchdringt alles und ich trage diese Essenz in meinem kreativen Prozess mit mir", sagt Rosa Esteva. Noch immer pendelt sie nach Barcelona, wo der offizielle Sitz ihrer Marke ist. Doch ihre zeitlos-puristischen, meist monochromen Kollektionsteile ersinnt sie fast intuitiv in der Nähe der Kirche Sant Joan Baptista in einem alten Stadtpalast, dessen hohe Decken die Designerin noch zierlicher wirken lassen. An diesem Tag trägt sie einen leichten schwarzen, bodenlangen Mantel über einem fließenden braunen Rock, der nur ihre Schuhspitzen herausschauen lässt. Beide „Cortana"-Stücke sind aus langlebigen Naturmaterialien gefertigt, so wie alles, was Rosa Esteva kreiert. „Ich liebe es, wie natürliche Stoffe mit der Haut interagieren. Wie der Stoff auf den Körper fällt, wie er sich bewegt, oder wie er mit der Luft reagiert."
Die meisten Materialien werden in Italien hergestellt, doch produzieren lässt Rosa Esteva ausschließlich in Spanien. Dazu unterstützt sie lokale Kunsthandwerker, die Erfahrung und Innovation vereinen. Was genau damit gemeint ist, wird in ihrem Concept-Store in Palma deutlich – ebenfalls eine Schöpfung von Architekten-Vater und -Bruder und eine so minimalistische wie ästhetische

Bühne für ihre Mode. In einem mehr als 600 Quadratmeter großen verschlungenen Raumgefüge findet man auch die „Cortana Casa Line", die Geschirr aus Keramik und Tabletts aus antikem, handschmeichelndem Orangenbaumholz umfasst. Auf einem weiß getünchten Vorsprung entdeckt man schlichte Glasgefäße, die bei „Gordiola" in Algaida aus Recyclingglas geblasen wurden, und einen dezent gestreiften Tischläufer aus nachhaltig produziertem Wollfilz von „Llanatura" aus Inca. Hinter jedem der Einzelstücke verbirgt sich eine mallorquinische Geschichte.

In der energetischen Stille ihres Studios in Son Servera entwirft die Designerin auch Brautmode. Elegante, feengleiche Roben aus Seide oder Baumwolltüll in unterschiedlichen Weißnuancen, die alle auf den vordergründig spektakulären Auftritt verzichten. Wenn das neueste Projekt von Rosa Esteva funktioniert, dann könnte man in ihren Shops in Palma, Barcelona und Madrid in Zukunft auch Kleidung aus Hanffasern entdecken. Die Designerin plant nicht weniger, als eine landwirtschaftliche Tradition wiederzubeleben. Ein Anbaugebiet für die umweltfreundlichen Pflanzen könnte sich auf dem Gelände des Hotels „Es Racó" befinden, das ihr Vater bei Artà gestaltet hat. „Wir teilen die Ansicht, dass Kreativität nicht auf den eigenen Beruf beschränkt ist. Sie ist eine Art, die Welt zu verstehen und mit ihr zu interagieren." Langfristig zu denken macht Rosa Esteva dabei nichts aus. „Ich glaube sogar, dass wir Dinge besser machen, wenn wir sie langsamer tun."

cortana.es

MODEDESIGNERIN ROSA ESTEVA IN DER GALERIE „SA PLETA FREDA"

TIPPS

ESSEN

VORO BY ÁLVARO SALAZAR

Canyamel

Kochen in vollkommener Freiheit – im „Cap Vermell Grand Hotel" schickt Mallorcas einziger Zweisternekoch Álvaro Salazar kühne Kreationen aus der offenen Küche. Die Degustationsmenüs sind eine Einladung zu einer kulinarischen Reise.

vororestaurant.com

SENZILL

Capdepera

Nach dem Umzug des nach ihm benannten Sternerestaurants ist Andreu Genestra im Hotel „Predi Son Jaumell" noch immer mit dem Bistro „Senzill" präsent. Die Aromen seiner Menüs verdanken sich den Ingredienzen aus dem Nutzgarten des Landguts.

bistrosenzill.com, hotelsonjaumell.com

TROBAR

Cala Rajada

Besteck, Taco-Schalen, Spiegel – in der „Trobar" wurde alles von Künstlern designt. Das neue Konzept ist lebendige Präsentationsfläche des bunten Onlineshops „Trobat", was auf Katalanisch „gefunden" bedeutet.

@trobar (@trobar_), trobat.co

L'ORIENT CAFÉ

Capdepera

Mit Blick aufs Marktgeschehen lässt es sich aushalten im Traditionscafé „L'Orient", in dem gern auch Gruppen nicht mehr ganz junger Einheimischer verweilen. Am Abend kommen Tapas auf den Tisch, während der Nachwuchs in Sichtweite spielt.

cafelorient.com

SCHLAFEN

CAN SIMONETA & SA PLETA DE MAR

Canyamel

Majestätisch liegt „Can Simoneta" oberhalb der Bucht von Canyamel mit Ausblick aufs Cap Vermell. Zum Besitz der Familie Morell Oliver gehört nicht nur die historische Finca, sondern auch das ehemalige Sommerhaus der Familie. Ganz nah am Wasser wohnt man im „Beach House". Wer mag, nutzt Pool oder Restaurants des benachbarten „Sa Pleta de Mar".

cansimoneta.com, pletademar.com

CREU DE TAU ART & SPA

Capdepera

Lange wurde das ehemalige Kloster umgebaut, nun beherbergt es mit dem „Creu de Tau“ das erste Hotel Capdeperas. Der erhöht gelegene Pool des Luxus-Retreats bietet einen sensationellen Blick auf die Burg. Weiteres Highlight: die Bar „Sa Capella“ in der historischen Klosterkapelle.

hotelcreudetau.com

SON GENER

Son Servera

Was das Hotel „Son Gener“ so besonders macht, ist seine Seele. Eingebettet in die Natur ist die Finca, einst Ölmühle, mit ihren 15 Zimmern ein Rückzugsort im allerbesten Sinne, denn jedes stil- wie liebevolle Detail gibt sich zurückhaltend. So bezeichnend für Architekt Antoni Esteva und seine Frau Catín, denen das für viele Stammgäste schon seit 25 Jahren unverzichtbare Refugium gehört.

songener.com

ERLEBEN

TORRE DE CANYAMEL

Seit fast acht Jahrhunderten wacht der Torre de Canyamel allein zwischen Feldern (siehe Foto S. 182/183). Von der Terrasse des Restaurants „Porxada de Sa Torre“ duftet es nach „Porcella“, über Eichenholzfeuer geröstetem Spanferkel, und mit Glück findet im alten Flucht- und Wehrturm gerade eine Kunstausstellung statt.

torredecanyamel.com

CASTELL DE CAPDEPERA

Schon von Weitem sieht man die Ringmauer der alten Befestigungsanlage, in deren Innerem sich einst mehr als 100 Häuser befanden. Heute lassen sich hier etwa der Torre d’en Miquel Nunis, noch aus der maurischen Epoche, und eine mittelalterliche Kirche besichtigen. Beliebt: das Mittelalterfest im Mai.

ajcapdepera.net

FIRA DE LA FLOR D’AMETLER

Son Servera

Das Mandelblütenfest findet Anfang Februar und seit einigen Jahren auf der Finca „Ses Cases de Ca s’Hereu“ statt. Es gibt Mandelgerichte, Naturkosmetik und Kunsthandwerk sowie Folkloristisches. Eigentlicher Höhepunkt sind die blühenden Bäume auf dem Weg dorthin.

DIE OSTKÜSTE ENTLANG RICHTUNG SÜDEN

VERBORGENE HÖHLEN, SCHAUKELNDE BOOTE UND ECHTES LANDLEBEN

Es wäre zu schade, die Zeit auf der Insel an bloß einem Ort zu verbringen. Allzu weite Wege taugen kaum als Ausrede, lassen sich doch schon nach einer Stunde Autofahrt immer wieder neue Facetten Mallorcas entdecken. An der Ostküste unterwegs Richtung Süden wird die Landschaft langsam lieblicher. Aus der Entfernung wirft man einen Blick auf die Bettenburgen von Cala Millor, wo das allererste Hotel schon 1934 entstand, und streift später Porto Cristo mit seinem Jachtclub sowie einer Vielzahl an Restaurants. Dann ein ausgiebiger Halt in Portocolom: Mit dem größten Naturhafen der Insel, bereits zu Zeiten der Römer genutzt, verströmt der Ort noch immer den ursprünglichen Charme eines Fischerdorfes. Spätestens wenn man die ruhige Altstadt mit den alten Bootsschuppen und den davor dümpelnden „Llaüt"-Booten umfährt, entfaltet sich der ganze Zauber. Die Ortschaft gehört zur Gemeinde Felanitx – in der etwa beim Castell de Santueri auch die Mauren Spuren hinterlassen haben. Das landwirtschaftlich geprägte Umland zu Füßen des Puig de Sant Salvador hat noch immer eine Bedeutung etwa für die Produktion von Wein und Mandeln. Darüber hinaus entwickelt sich die friedvolle Kleinstadt zunehmend zum Anziehungspunkt für Kreative.

KLETTERPARADIES MIT HIPPIECHARME

Es ist noch gar nicht so lange her, da wurde einem der Name „Cala Varques" verschwörerisch ins Ohr geraunt, und man kritzelte die Wegbeschreibung hastig in den Reiseführer. Seit einigen Jahren halten auf einem mittlerweile ausgewiesenen Parkplatz kurz vor dem Abbieger in Richtung Manacor immer mehr Menschen, die der steinige Fußweg nicht schreckt. Denn natürlich ist die abgelegene Felsenbucht noch immer ein Erlebnis – besonders, wenn nicht allzu viele Menschen am Strand oder auf dem Wasser unterwegs sind. Versprechen lässt sich indes nicht mehr, dass in einer schattigen Höhle jemand die Stellung hält, um Mojitos oder Sandwiches zuzubereiten. Aber vielleicht kampieren unter den Bäumen ja wieder ein paar Aussteiger? Nicht unwahrscheinlich, dass man echte Kletterer zu Gesicht bekommt, denn das höhlenzerklüftete Küstenareal ist auch bei denen bekannt, die Fans von „Deep Water Soloing" sind – dem ungesicherten Klettern über tiefem Wasser. Weniger Halsbrecherische wandern zum Felsentor zwischen Cala Falcó und Caló Blanc. Nicht weit entfernt befinden sich die (nicht öffentlich zugänglichen!) Eingänge zur verschlungenen und bis zu 24 Meter tiefen Unterwasserhöhle Cova de sa Gleda, deren System mit 13,5 Kilometern als das längste Europas gilt. Seit den 1990er-Jahren ist sie Forschungsgegenstand der Universität der Balearen in Palma. In die Schlagzeilen geriet sie zuletzt 2022, als ein erfahrener Höhlentaucher als vermisst gemeldet wurde. Eine Luftkammer bewahrte ihn vor Schlimmerem – ein glücklicher Umstand, der einem seiner Begleiter schon ein paar Jahre zuvor das Leben gerettet hatte.

GELEBTE TRADITION

Recht unauffällig liegt das Geschäft von Francisca Bennàssar am Ortsrand. Touristen müssen es schon suchen, um es zu finden. Die Menschen aus Felanitx kennen es sowieso. Wo einst eine Fabrik mit vielen Mitarbeitern Geschirr und Dekoartikel aus Keramik in alle Welt verschickte, produziert „Ceràmiques Mallorca" heute unter Leitung der jüngsten Tochter des Gründers Kleinserien und Einzelstücke. Unterstützt wird sie dabei von zwei studierten Künstlern: ihrem Sohn und ihrem Ehemann. „Als meine ältere Schwester in Pension ging, entschied ich mich, weiterzumachen." Wenngleich in anderen Dimensionen, doch Francisca Bennàssar wollte unbedingt die 1946 begründete Familientradition am Leben erhalten.

COLLAGE MIT KERAMIK-FRAGMENTEN VON „CERÀMIQUES MALLORCA“

Hinter dem hellen Verkaufsraum mit einer Vielzahl an individuellen Objekten und Stilrichtungen ist die Fabrikproduktion einem offen einsichtigen Atelier gewichen. Gebrannt wird in einem Nebenraum – mit kleineren, effektiveren Öfen. „Darin brenne ich dieselben Keramikarten, die schon mein Vater benutzt hat, und zwar bei 1.020 Grad“, erklärt die Felanitxerin, die weiß brennenden Ton bevorzugt und dieses uralte Handwerk nicht nur im heimischen Betrieb, sondern auch beim Studium in Valencia erlernt hat. Bei der verwendeten „Majolika“-Technik wird der geformte Ton zunächst ohne Glasur in den sogenannten Schrühbrand geschickt, um dann nach dem Glasieren und Bemalen im sogenannten Glattbrand ein zweites Mal der Hitze ausgesetzt zu werden. „Durch dieses Verfahren werden Unterglasur und Farben zu einer homogen ebenen Oberfläche.“

Die Gestaltungsmöglichkeiten sind unendlich – das wird schon beim Betrachten der vielen ausgestellten Formen deutlich. „Bei uns finden die Menschen Geschenke für besondere Anlässe. Manchmal sind es schon die Enkel von Stammkunden“, sagt Francisca Bennàssar. Nicht selten kommt es auch vor, dass Teile nachbestellt werden, etwa Teller aus einem lieb gewonnenen Service. Einige Ortschaften geben auch ihre Straßenschilder bei „Ceràmiques Mallorca“ in Auftrag. Wie schon immer werden die Namen ganz ohne Schablone auf Fliesen aufgebracht. „Mein Sohn hat Kunst und Grafikdesign studiert, er beherrscht die historischen Buchstabenformen und jede Art von filigraner Malerei, die man hier sieht.“ Seinen Arbeitsplatz erkennt man sofort: Auf einem Tisch drängen sich gleich Dutzende Gefäße für Farben. Griffbereit daneben noch einmal so viele Pinsel in Bechern. Auf einem Hocker liegt aufgeschlagen ein Bildband mit Abbildungen von Meeresbewohnern – Vorlage für Schalen, die man vorn im Verkaufsraum entdecken kann. Die auf schlichtes Weiß aufgemalten Muscheln wirken fast so echt, als könnte man sie greifen.

ceramicasmallorca.com

ZURÜCK ZU DEN WURZELN

„The Farm" steht mit Kreidestift auf einem schlichten schwarzen Schild an der Einfahrt. An diesem späten Nachmittag sind es vor allem junge Paare und Familien, die den Bauernhof nördlich von Felanitx ansteuern. Inmitten ockerfarbener Felder wollen sie ein gemeinsames Abendessen erleben. Dabei sollen sie – angeleitet von Andy und seiner Frau Gosia – mit ihren Sinnen erfahren können, woher die Zutaten stammen und wie genau diese zubereitet werden. „Farm to Table" ist nicht nur die Maxime einer Bewegung, die die Abkehr von industrieller Lebensmittelproduktion anstrebt, sondern auch der Name des Herzensprojekts, das das junge Paar seit 2020 mit Leben füllt. Auf zwei Hektar Land wird mit gebotenem Respekt vor Natur und Tradition Gemüse gezogen und Geflügel gehalten, wird Honig gewonnen und Essig angesetzt. „Zusammen mit unserem Team betreiben wir ökologische Landwirtschaft und machen so viel wie möglich von Hand", sagt Andy. Früher hat er in San Francisco gelebt und sogar in der Sternegastronomie gekocht. In der Wahlheimat Mallorca laden er und seine Frau in den Sommermonaten zu Events ein, bei denen die Gäste nach hausgemachtem Begrüßungswermut, Einführung in die Farm-to-Table-Philosophie und kurzer Weinpräsentation an einer langen Tafel Platz nehmen, um ein Viergangmenü zu zelebrieren. In Gemeinschaft, unterm Blätterdach und nur durch eine Trockenmauer getrennt vom Land, dem sie an diesem Abend einiges verdanken. In der Wintersaison finden die Events seltener statt, dann kommen Besucher etwa zum japanisch inspirierten „Moonlight Omakase" oder zum „Barn Dinner".

Beim „Pescetarian Event" an diesem Tag grillt Andy selbst geerntetes Gemüse auf offenem Feuer. Dazu eine stattliche „Llampuga", die er nur durch besondere Kontakte ergattern konnte: Die begehrten Goldmakrelen dürfen rund um Mallorca nur im Spätsommer und Herbst gefangen werden. Auf robustem Keramikgeschirr werden die Gerichte nach und nach aufgetischt. Die Anwesenden dürfen gern teilen – und die Zeit vergessen sowieso. Danach kaufen sie noch getrocknete Tomaten, selbst gemachtes Brot oder eingelegte Jalapeños. Auf dem Rückweg durch die stillen, dunklen Felder dann wirken die Eindrücke dieser kulinarischen Reise nach. Vielleicht ja sogar nachhaltig.

farmtotablemallorca.com

ANDY, KOCH UND GRÜNDER VON „FARM TO TABLE"

MIT DER LANDSCHAFT VERBUNDEN

Ohne Eile steigt Vera Edwards mit einem Becher Kaffee in der Hand die steinerne Treppe ihres Hauses hinunter. Mischling Chico hat den Besucher durch sein Gebell bereits angekündigt. Hier, zwischen den Feldern vor Felanitx, kommen nicht allzu häufig Autos vorbei. Sie habe ein wenig gebraucht, um sich an die Art von Ruhe zu gewöhnen, wie man sie nur auf dem Land findet. Jetzt mag die Malerin diese kaum noch missen. „Wenn ich in Portocolom bin, kommt mir das fast schon laut vor. Hier kann ich meine eigene Stimme besser hören – ein bisschen wie ein Mönch", sagt Vera Edwards und lacht.

Vater Amerikaner, Mutter Mallorquinerin, ist sie als Kind von Kalifornien in einen Teil der Insel gezogen, der viel mit ihren familiären, aber auch künstlerischen Wurzeln zu tun hat. „Ich war hier schon immer von Kreativen umgeben: Meine Großmutter macht Skulpturen, mein Urgroßvater war Maler und meine Urgroßmutter Keramikerin." Sie deutet auf ein tönernes Objekt an der Wand ihres Ateliers. Ihre eigenen Gemälde lehnen fast überall an den alten Mauern. Sie hat viel zu tun in diesen Tagen – die Kunstmesse „Art Basel Miami Beach" steht bevor. Auf Reisen gehen werden etwa die großformatigen Bilder, die in fesselndem Blau und sanftem Beige tropische nächtliche Szenerien einfangen. Vera Edwards macht ihr Fernweh während der Pandemie, ihre Sehnsucht nach Orten wie Bali und Mexiko für diese Motive verantwortlich. Dass sie schon vor Corona an der Messe teilgenommen habe, sei ein bedeutender Schritt für ihre Karriere gewesen. In Zukunft will sie mit der Hamburger Galeristin und Kunstberaterin Katharina Herold zusammenarbeiten, die in Felanitx den Palacio Can Llevadora herrichtet, um dort auch Ausstellungen zu veranstalten. Hinter den Fassaden der sonst so unauffälligen Kleinstadt tut sich kulturell gerade einiges.

Vera Edwards zeigt eine Auftragsarbeit, die im Atelier darauf wartet, abgeholt zu werden. Das Bild lässt den Betrachter teilhaben an einer Strandszene mit Kindern, festgehalten in den Farben, die so charakteristisch für ihre Malerei sind. Warme Erdtöne, die man beim Blick auf die Landschaft sofort wiederentdeckt. „Auf Mallorca bin ich mehr mit der Natur und Kindheitserinnerungen verbunden. Diese Szene spiegelt das Freiheitsgefühl, das ich selbst am Meer empfunden habe." Studiert hat Vera Edwards in England, und sie malte weiter, als sie später in San Francisco und Los Angeles lebte. Ihre damaligen Arbeiten hätten schon den für sie typischen Pinselstrich aufgewiesen. Dennoch sagt sie, dass sich ihr Stil deutlich entwickelt habe, seit sie mit Mitte 20 nach Mallorca zurückgekehrt sei.

Im Hintergrund läuft leise Leonard Cohens „Hallelujah", als Vera Edwards weitere Bilder erklärt. Palmenmotive, die sie so liebt. Oder eindringliche Porträts wie das eines kleinen Mädchens, das sie nie verkaufen würde, weil es sie so berührt. Wie gern sie mit Texturen experimentiert, zeigt sich an der Wahl der Malgründe. Mal nutzt sie einen Samtstoff, dann Holz, dann wieder einen alten Leinenstoff, den sie zuvor mit Indigoblau eingefärbt hat. Eine ihrer großformatigen Arbeiten auf Papier zeigt einen der Nachbarn dabei, wie er ein Schaf schert. Die Begegnungen mit befreundeten Landwirten und ihren Familien inspirieren Vera Edwards immer wieder. Als Kind half sie selbst, Mandeln oder Johannisbrot zu ernten. Heute malt sie Frauen, die während der „Matanza" in der Gruppe Sobrasada-Würste machen. Es ist diese besondere Art von Gemeinschaft, die sie festhalten möchte.

Vera Edwards tritt vor ihr Atelier im ersten Stock. Versunken blickt sie über die rötlichbraune Landschaft mit dem Santuari de Sant Salvador in der Ferne. Ihrem Blick folgend, meint man die Energie zu spüren, die die Künstlerin das tun lässt, was ihre Seele erfüllt.

@vera.edwards_, heroldian-art.com

MALERIN VERA EDWARDS IN IHREM ABGESCHIEDENEN ATELIER

TIPPS

ESSEN

SA LLOTJA
Portocolom

Die Speisekarte mit Meeresfrüchten ist ebenso ansprechend wie das moderne Ambiente. Aber da das Restaurant „Sa Llotja" im Obergeschoß der ehemaligen Hafenmeisterei liegt, ist der Blick das wahre i-Tüpfelchen.

restaurantsallotjaportocolom.com

S'ARENAL
Portocolom

Es ist nicht leicht, ohne Reservierung einen der begehrten weiß-türkisen Klappstühle im „S'Arenal" zu ergattern, um dann – eingerahmt von Tamarisken und Sonnenschirmchen – ganz verliebt die umwerfend schöne Bucht zu betrachten.

grupomarport.com

NOMI
Portocolom

Im „Nomi" wird Mediterranes unbekümmert mit Asiatischem und Mexikanischem gemixt. Und wenn man mit Kindern unterwegs ist, ist ein Restaurant, das auch Pasta und Burger auf der Karte hat, nicht das Schlechteste.

nomimallorca.com

SCHLAFEN

BAREFOOT
Portocolom

Ein wenig versteckt, aber sehr zentral liegt das „Barefoot"-Hotel von Schauspieler Til Schweiger, das den Look der Lifestyle-Marke bestens verkörpert: Helle Naturtöne herrschen in den Zimmern ebenso vor wie im gleichnamigen Restaurant.

barefoothotels.de

PRINCIPAL SON AMOIXA
Manacor

Ein Landgut aus dem 16. Jahrhundert wurde in das Viersterne-Fincahotel „Principal Son Amoixa" umgewandelt und erst 2022 renoviert. Wegen des eigenen Platzes und der Nähe zur „Rafa Nadal Academy" auch geeignet für Tennisbegeisterte.

sonamoixa.com

SANTUARI DE SANT SALVADOR

Der Ursprung des Santuari de Sant Salvador geht auf das 14. Jahrhundert zurück, als die Bevölkerung wegen der Pest göttlichen Beistand erhoffte. Wachposten, Fluchtburg, Einsiedelei, Internat – die Anlage war schon vieles, noch immer ist sie Wallfahrtsort. Auch für Radsportfans: An den Klosterwänden hängen Trikots von Weltmeister Guillermo Timoner, in Felanitx fast ein Heiliger.

Hostatgeria: cancalcohotels.com

PINTORESQ

Portocolom

Es ist ein Mix aus Wohnaccessoires, Mode und Schmuck, den Veronica Dicenta in ihrem Shop „Pintoresq“ nicht bloß verkauft, sondern inszeniert. Unwillige Familienmitglieder besser gleich draußen in der Sonne warten lassen, denn „Pintoresq“ hat Muße verdient.

@pintoresq

ÀNIMA NEGRA

Felanitx

Seit 1994 tragen Miquel Àngel Cerdà und Pere Obrador die Weinphilosophie von „Ànima Negra“ in die Welt. Bei Felanitx lässt sich Son Burguera in Augenschein nehmen, Heimat nicht nur ihres kraftvollen Rotweins „Àn/2“. Rund um das uralte Landgut gedeihen auch indigene Rebsorten wie Callet, Manto Negro und Fogoneu.

annegra.com

CASA BON VOYAGE

Felanitx

Janina Krinke – Interior-Expertin mit Concept-Store in Hamburg – hat sich wie einige Kreative mehr in das noch so unverfälschte Felanitx verguckt. Als Showroom soll ihre „Casa Bon Voyage“ Residenten fortan als Ort der Inspiration dienen. Neben der Umsetzung von Einrichtungskonzepten sind auch Events geplant.

bonvoyageinterieur.com

MANDIA VELL

Manacor

Eines der ältesten Weingüter, dessen Name zum ersten Mal 1263 aufscheint, ist „Mandia Vell“ zwischen Porto Cristo und Manacor. Das Gesicht auf den Etiketten der Bioweine geht zurück auf ein 3.500 Jahre altes, steinernes Fundstück.

mandia-vell.com

Alarma

SANTANYÍ

DER LIEBLING IM SÜDEN

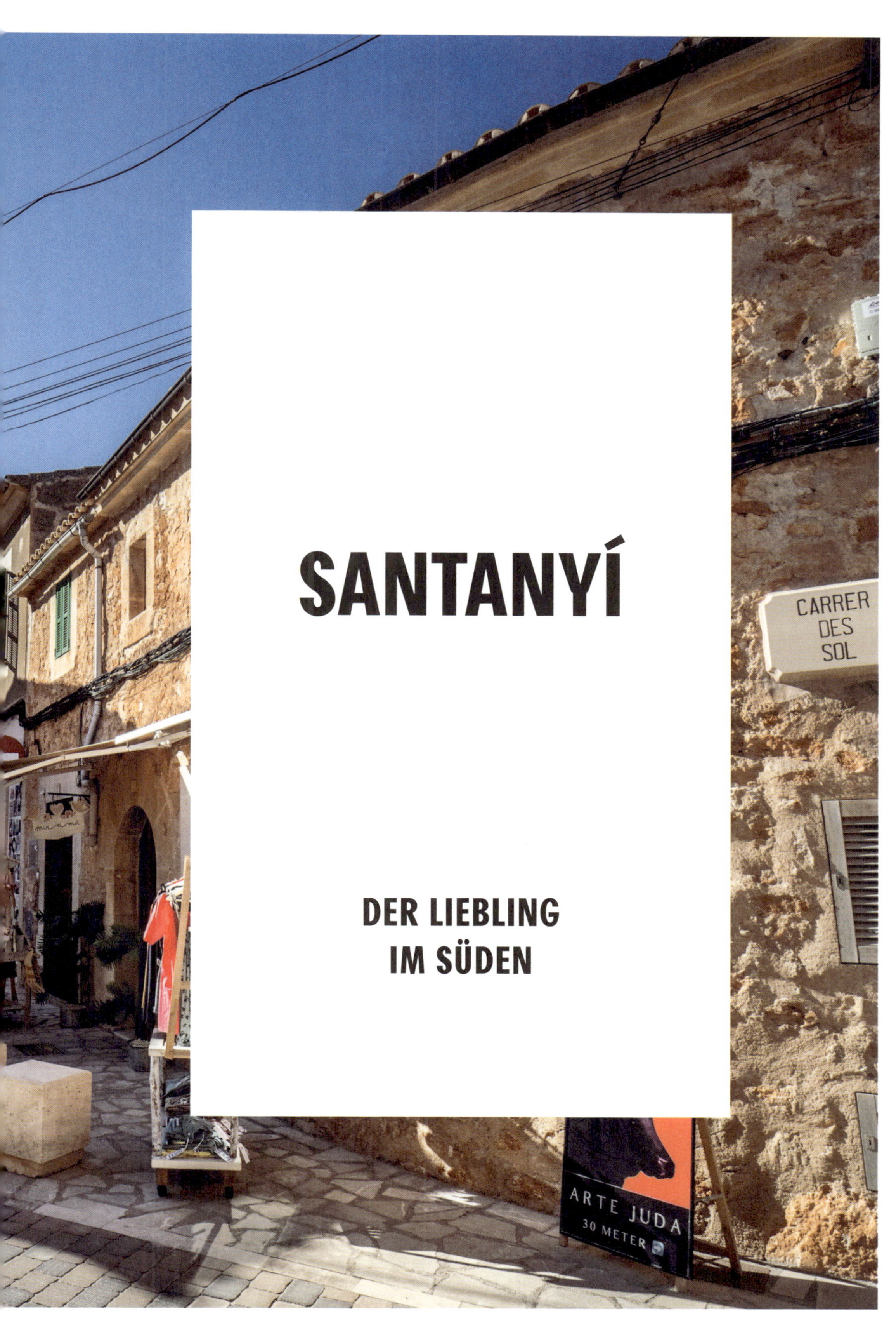

Die Zeiten, in denen Santanyí in Reiseführern als „verschlafene Ortschaft“ beschrieben wurde, sind schon eine Weile vorbei. Gleich zwei Tage pro Woche strömen Menschen auf den Wochenmarkt, um das Warenallerlei zu begutachten, die vielen Restaurants und Cafés zu beleben und sich danach in einer der nahe gelegenen, wunderschönen Buchten abzukühlen. Auch jene, die am benachbarten Küstenabschnitt und rund um Portopetro einen Zweitwohnsitz ihr Eigen nennen, sind nicht eben weniger geworden. Der Spitzname „Hamburger Hügel“ spricht Bände. Doch kann man es ihnen verdenken? Santanyí hat sich herausgeputzt, selbst der warme Greige-Ton der Gebäude leuchtet vielerorts heller, und doch gibt es noch immer Möglichkeiten, eine ruhige Seite zu entdecken. Dann kauft man sich etwa am Marktplatz bei „Forn i Pastissería Terrasa“ ein süßes Gebäckstück, während in der Kirche Sant Andreu gerade eine der umliegenden Gemeinden ihre Messe abhält. Im Gotteshaus befindet sich mit der prachtvollen Kirchenorgel übrigens eines der am besten erhaltenen Werke des Orgelbauers Jordi Bosch. Ganz ohne Gedränge bummelt man durch die Gassen und erkundet eine der Kunstgalerien oder die liebevoll erdachten Ladenkonzepte – viele davon erfüllte Auswandererträume.

NICHT TREND, SONDERN LEBENSSTIL

Die Gründe, die Petra und Henning Bensland nach Santanyí geführt haben, klingen zunächst recht pragmatisch. Es war der Wunsch, ein neuartiges ganzheitliches Hotel mit Yoga und Meditation entstehen zu lassen, der das Paar nach Plätzen im Mittelmeerraum suchen ließ, aus der ganzen Welt per Flugzeug gut erreichbar. „Als mein Mann mir dann dieses Grundstück in Santanyí zeigte, mein erster Besuch auf Mallorca überhaupt, ging ich durch den Garten und spürte sofort eine besondere Energie." „Cal Reiet" – kleiner König – ist der Name des Boutiquehotels und „Holistic Retreat", das 2016 nach aufwendiger Sanierung eröffnet wurde.
Seit das Haus seine schwere, eisenbeschlagene Holztür für Gäste geöffnet hat, zieht das Refugium tatsächlich ein internationales Publikum aus Europa und den USA an – Menschen, die sich nach tiefer Entspannung sehnen genauso wie Lehrende, die es müde geworden sind, nach Bali oder Indien zu reisen. „Für uns ist das hier keine Modeerscheinung, sondern ein Lebensmotto", sagt die Schweizerin, die wie ihr schwedischer Mann nicht nur Gastgeberin ist. Beide unterrichten – sie Yoga, Meditation und Atemtechniken, er Meditation –, um in der Gruppe oder in Einzelstunden Wissen und Erfahrungen zu teilen. „Nach wie vor nutzen deutlich mehr Frauen die Angebote, aber die Männer, die kommen, finden es großartig", sagt Henning Bensland. Um Stress zu reduzieren, hatte der Inhaber eines Finanzunternehmens sein eigenes Leben radikal umgestellt.
Wenn man Petra Bensland fragt, was sie auf der Insel besonders liebgewonnen hat, kommen ihr die ruhigen Wintermonate in den Sinn. Dann ist die Schweizerin auf Entdeckungsreise in der Natur und in kleinen Dörfern. „Dort findet man immer etwas Neues." Und egal, ob es Lebensmittel, Kleidung oder Schuhe seien – ohne es so zu nennen, lebten und arbeiteten viele Mallorquiner in einer Weise, die sie selbst „holistisch" nennen würde.

calreiet.com („Day Pass" möglich)

PETRA UND HENNING BENSLAND VOR IHREM HOTEL „CAL REIET"

IN ALLER SEELENRUHE

Die Uhren scheinen langsamer zu ticken im alten Fischerhafen von Cala Figuera. Auf einem Boot sitzt ein Mann, stoisch entwirrt er ein Netz. Es ist so ruhig, dass man das immerwährende Tönen der Zikaden fast als störend wahrnehmen könnte. Ein paar Touristen sind am Ufer unterwegs, geben an den grün vermoosten Zugängen zu den Bootsschuppen darauf acht, nicht auszurutschen und im Wasser zu landen. Wenn sie auf einem der schmucken Llaüt-Boote den Namen eines lieben Menschen entdecken, bleiben sie stehen, um ein Bild zu machen. Wer mehr erfahren will über die Entwicklung des geschützten Naturhafens an der Caló d'en Busques, der wie der zweite Arm der Y-förmigen Bucht, Caló d'en Boira, bis tief ins Land hineinreicht, folgt der nummerierten „Ruta Fotográfica". Diese weist nicht nur die schönsten Fotospots aus, sondern präsentiert auch historische Aufnahmen, die zum Teil von Anwohnern beigesteuert wurden. Unterkünfte findet man nur vereinzelt in diesem Ort, der seine touristische Hochphase in den 1980er-Jahren erlebt, jedoch nie auf „konventionelle" Gäste gesetzt hat – schließlich gibt es hier keinen Strand. Die, die kommen, lieben Cala Figuera genau dafür. Kaufen ein Eis bei „Murmui" und essen dann mit Blick aufs Wasser in der „Bon Bar" oder im Restaurant „La Petite Iglesia", das sich in einer ehemaligen Kirche befindet. Man mag sich unten am Hafen bei dem Gedanken ertappt haben, dass eine kleine Bar in einer der Bootsgaragen ziemlich schön wäre. Und doch weiß man, dass es gut so ist, wie es ist. Vor dem strahlenden Blau des Himmels zieht eine Möwe ihre Kreise. Der Fischer ist mit seinem Netz beschäftigt. Alles wie immer.

visitcalafiguera.com

FISCHER IM HAFEN VON CALA FIGUERA

BEDROHTE NATURSCHÖNHEIT:
DIE BUCHT S'ALMONIA

EINES DER LETZTEN PARADIESE

Wer populären Mallorca-Seiten auf Instagram folgt, sieht regelmäßig Fotos. Von Caló des Moro und S'Almonia, von malerischen Fischerhäuschen und atemberaubender Natur. Die zwei benachbarten Buchten im Südosten formen ein Paradies, das wirklich so schön ist, wie es auf unzähligen Aufnahmen aussieht. Dass dies trotz ausuferndem Social-Media-Tourismus so ist, ist Maren und Hans-Peter Oehm zu verdanken, die Mitte der 1990er-Jahre ein Haus in der Nähe erworben hatten. Als das Paar hörte, dass 40.000 Quadratmeter Land veräußert werden sollten, um an den Buchten ein Hotel zu errichten, wurde es aktiv. „Wir schlugen Dutzenden von Nachbarn vor, das Areal gemeinsam zu kaufen – leider vergeblich", erzählt Hans-Peter Oehm. „Nach zähen Verhandlungen mit dem adligen britischen Besitzer bekamen wir dann 1998 den Zuschlag."

Schon als der Küstenabschnitt noch ein echter Geheimtipp war, hatten Wildcamper ihre Spuren hinterlassen, hatten Bäume gefällt und achtlos Müll entsorgt. „In Eimern schleppte unsere Familie zwei Tonnen Unrat nach oben, wo wir mittlerweile unser Haus gebaut hatten." Hans-Peter Oehm besorgte zudem einen Pflug, um den knochenharten Boden zu lockern und mit seiner Frau und den beiden Töchtern erste Pflanzen zu setzen. Tausende sind es im Laufe der Jahre geworden. Heute, wo im Sommer pro Tag bis zu 3.500 Besucher kommen – manche nur, um ein Selfie zu machen –, sammelt das Paar noch immer säckeweise Müll. Unterstützung bei Aufgaben wie Aufforstung und Brandschutz erhält es durch zwei Mitarbeiter, die von einer eigenen Stiftung finanziert werden. „Zu den Spendern gehören an die 70 Ehepaare, fast alle Wahl-Mallorquiner." Der Architekt ist gut vernetzt in Santanyí, zusammen mit seiner Frau hat er diverse Bauprojekte – auch hoch über der Bucht S'Almonia – umgesetzt. Mit Schauspieler Uwe Ochsenknecht führt man außerdem die Musiktraditionskneipe „Sa Cova".

Eine der Töchter hat vor Kurzem eine Bürste designt, mit der man Sandkörner über einer Kiste entfernen und am Strand zurücklassen kann: Laut Untersuchungen nimmt jeder Besucher nämlich unfreiwillig 34 Gramm Sand mit. Ein nachahmenswertes Projekt, wie Hans-Peter Oehm findet, nicht nur in einem der letzten Paradiese Mallorcas.

moro-salmonia.com

TIPPS

ESSEN

LAUDAT
Santanyí

Beim Namen „Laudat" mögen Lateiner an das Verb „loben" denken, schließlich ist die Kirche nah. Tatsächlich handelt es sich schlicht um den Namen des Inhabers Miquel Laudat. Loben darf man ihn trotzdem für mediterran inspirierte Gerichte, elegantes Ambiente und die eigenen Weine.

restaurantlaudat.com

NA PETRA
Portopetro

Mit Aussicht auf den Hafen von Portopetro lässt sich ganz wunderbar speisen. Zum Beispiel in der Gastrobar „Na Petra", wo kleine Gerichte wie Gambas im Brik-Teig, aber auch asiatisch Inspiriertes wie Thunfisch-Tataki gern zum kollektiven Teilen auf den Tisch kommen.

restaurantnapetra.com

SA PLAÇA
S'Alqueria Blanca

Das Restaurant an der Straße? Richtig: das Restaurant an der Hauptstraße von S'Alqueria Blanca, in das zurückkehrt, wer hausgemachte Tapas wie Hähnchen mit Speck in Senfsahnesauce oder Sobrasada in Blätterteig mit Honig köstlich findet.

Pl. San José 23, S'Alqueria Blanca

SCHLAFEN

CAN FERRERETA
Santanyí

Das Fünfsternehotel „Can Ferrereta" ist eine luxuriöse Oase inmitten von Santanyí. Im 17. Jahrhundert Sitz einer Handelsfamilie, bietet das Retreat mit eigener Kunstsammlung 32 Zimmer und Suiten, eine zauberhafte Poollandschaft mit viel Grün sowie eine Dachterrasse mit Blick Richtung Kirche.

hotelcanferrereta.com

STADTHOTEL SANTANYÍ
Santanyí

Das kleine, inhabergeführte Stadthotel befindet sich in unmittelbarer Nähe zum Marktplatz. Wer mehr Platz braucht, findet über die Website Stadthäuser zum Mieten, „Living Houses" genannt.

hotel-santanyi.com

S'HOTELET DE SANTANYÍ
Santanyí

Oase der Ruhe mit kleinem, palmenbestandenem Outdoorpool im Patio. Die stilvollen Zimmer setzen konsequent auf Naturtöne und Holz, was bestens mit den rohen Steinwänden harmoniert.

hoteletsantanyi.com

VEINTIUNO

Santanyí

In ihrem „Living Store Veintiuno“ verkaufen Nicole und Stephan Bauer auf zwei Etagen eine Auswahl an „schönen Dingen“ – Deko und Mode ergänzen sie durch eigenen Biokaffee. „Wir haben eine ‚offene Rösterei‘, in der Kaffeeliebhaber willkommen sind.“ Auf den Geschmack gekommen sind nicht nur Touristen, sondern längst auch Hotels und Restaurants.

veintiuno-home.com

MIMAR

Santanyí

Kein Santanyí-Besuch ohne Halt bei „Mimar“, wo Holländerin Kiki mit viel Gespür ihre Beachlife-Boho-Vintage-Welt erschaffen hat. Dazu gehören Mode, Schmuck und Wohnaccessoires, aber auch die eigene „Find the Others“-Kollektion, die in Zusammenarbeit mit „Mamina“ aus Ses Salines entstanden ist.

mimarbalear.com, maminamallorca.com

GOLDSCHMIEDEKURSE

Santanyí

Mitten in Santanyí veranstaltet Goldschmiedemeister Eckhard Adler regelmäßig Kurse, in denen es um die Vermittlung von Grundfertigkeiten in geselliger Runde geht. Immer wieder dienen auch Fundstücke vom Strand als Inspirationsquelle für individuelle Stücke.

goldschmiedekurse-mallorca.de

TERRA ORIGENS

Santanyí

Die Geschichte von „Terra Cuita“ aus Pòrtol geht bis ins Jahr 1861 zurück. Mit „Terra Origens“ hat Inhaber Pep Serra in Santanyí einen Concept-Store mit eigener Keramik und ausgewählten Wohnaccessoires geschaffen. „‚Terra Origens‘ will uns unserer mallorquinischen Lebensart näherbringen und Handwerk mit lokaler Gastronomie vereinen.“ In Café und Gartenlokal werden einfache mediterrane Gerichte serviert – auf dem eigenen Geschirr, versteht sich.

ceramicaterracuita.com

MUCHACHE

S'Alqueria Blanca

Modedesigner Sebastián Pons hat schon in London für Alexander McQueen, in Paris für Givenchy und in New York für Miguel Adrover gearbeitet. Wie jener berühmte Mallorquiner ist auch Pons in die Heimat zurückgekehrt. In seinem Atelier ersinnt er nicht nur exklusive Stücke für die Marke „Sebastián Pons“, sondern auch für das konzeptionelle Unisex-Label „Muchache“.

@sebastianpons

ES TRENC

RÜCKBESINNUNG AUF DIE NATUR

Karibisches Flair", „Malediven-Feeling" – sein Ruf eilt dem Strand Es Trenc voraus, und wer in den äußersten Südwesten unterwegs ist, der wird den langen Naturstrand kaum links liegen lassen. Welches Feeling sich einstellt, hat am Ende auch damit zu tun, wie voll es zwischen Sa Ràpita und Colònia de Sant Jordi ist. Was Es Trenc und das dahinter liegende Feuchtgebiet Salobrar de Campos tatsächlich einzigartig macht, ist die Symbiose von nebeneinander bestehenden Lebensräumen. Etwa 2.300 Hektar Meeresfläche und 1.440 Hektar Land mit Dünen, Küstenteichen, Salzwiesen sowie Kiefern- und Wacholderwäldern formen ein schützenswertes Ökosystem und sind Lebensraum für Pflanzen wie Queller oder Dünen-Gamander sowie für mehr als 160 Vogelarten. Mit Glück lassen sich sogar Flamingos beobachten. Küstenschutz und Tourismus – funktioniert das? Zuletzt gab es Streit um Chiringuitos, die abgerissen werden mussten. Die Autoschlange zum Strandparkplatz ist dennoch lang. Auch das Fischerdorf Colònia de Sant Jordi und der gut erreichbare Strand Es Carbó erfreuen sich wachsender Beliebtheit. Genauso wie die – noch – beschauliche Kleinstadt Campos: Das Gemeindegebiet in Strandnähe wird immer interessanter für luxuriöse Immobilienprojekte.

DER WEG DES SALZES

Während „Guide“ Isaac munter auf Spanisch und Englisch den Unterschied zwischen Speisesalz und Flor de Sal erläutert, blicken die anwesenden Kinder staunend auf den hohen Salzberg, der sie an Schnee erinnert. Wie die Erwachsenen tragen auch sie neongelbe Westen. Die Salinas d'Es Trenc, deren Geschichte 1958 beginnt, mögen ein Privatunternehmen sein. Doch sie sind eingebettet in das Feuchtgebiet Salobrar de Campos und damit Teil eines überaus wertvollen Ökosystems – somit herrschen gewisse Spielregeln.
Die handwerklichen Gewohnheiten auf den Salzfeldern, welche noch auf die Römerzeit zurückgehen, sind ebenfalls fest umrissen, und Isaac erklärt sie routiniert, während er von Bassin zu Bassin geht. Er erzählt vom kilometerlangen Weg, den das Wasser vom Meer aus über leicht geneigte Kanäle zurücklegt. „Die besondere Wasserqualität hängt mit natürlichen Filtern wie dem Neptungras zusammen, das 100 Jahre benötigt, um einen Meter zu wachsen.“ Er zeigt eindrücklich, dass durch die von Sonne und Wind verursachte Verdunstung die Konzentration des Salzes stetig steigt: Während die leichte Brise das Wasser im Becken mit etwa 180 Gramm pro Liter noch leicht bewegt, ist die Oberfläche auf dem mit mehr als 300 Gramm so glatt wie ein Spiegel. Ein paar Meter weiter deutet er auf die kleinen Krebse im Wasser, die erst feinste Algen mit Betacarotin verstoffwechseln, um dann – selbst zur Nahrung geworden – das Gefieder der Flamingos allmählich rosa zu färben.

„SALINEROS“ BEIM ABSCHÖPFEN DER FEINEN SALZSCHICHT

Herkömmliches Küchensalz wird in den Salinas ebenso gewonnen wie Salz für industrielle Zwecke. Doch auch wenn diese Sorten mengenmäßig den größten Anteil ausmachen – einen besonderen Namen hat sich das Unternehmen durch das feine, mineralienreiche „Flor de Sal d'Es Trenc" gemacht, das hier seit 2003 von Juni bis August geerntet wird. Es ist heiß an diesem Nachmittag, und man kann sich nur vorstellen, was es für die „Salineros" bedeuten muss, zweimal pro Tag von 600 kleinen Teichen geduldig die papierfeine Salzschicht abzuschöpfen. „Regnet es, sinkt sie. Ist es zu windig, sinkt sie ebenfalls." Isaac weiß, wovon er redet. Er selbst hat schon mithilfe eines an einer Stange befestigten Netzes die blütenförmigen Salzkristalle geerntet und sie nach langsamer Trocknung stundenlang von Hand verlesen. Pro Saison sind es 70 bis 80 Tonnen Flor de Sal, die später – pur oder mit Gewürzen gemischt – in den Handel gelangen. „Alles geschieht im Einklang mit der Natur", sagt Isaac. Und man hört den Stolz in seiner Stimme.

flordesal.com

GRÜNER RUHEPOL

Mit mehreren Zehntausend Quadratmetern ist der botanische Garten „Botanicactus" nicht eben klein – trotzdem „übersehen" ihn viele, die sich auf den Weg nach Süden machen, um die Salinen oder den Strand von Es Trenc zu besuchen. Dabei ist für Pflanzenfreunde einiges in der weitläufigen und nie überlaufenen Parkanlage zu entdecken. Tausende Kakteen, manche davon meterhoch, versammeln sich hier auf kargem Grund, flankiert von mallorquinischer Flora in ihrer ganzen Fülle. Oliven-, Orangen-, Mandel- und Granatapfelbäume gedeihen ebenso wie Pinien, Zypressen oder Eukalyptus. Auch die typischen Trockensteinmauern findet man hier. Ein 10.000 Quadratmeter großer See, künstlich angelegt als Wasserreservoir, ist zudem Lebensraum für Seerosen. Das Erdreich, das bei dessen Entstehung ausgehoben wurde, hat man zum Errichten von Schutzwällen genutzt. Diese sollen empfindliche tropische Gewächse vor Wind aus dem Norden schützen. Ob es sich bei „Botanicactus" wirklich um den „größten botanischen Garten Europas" handelt? Das sei einmal dahingestellt – doch wer das Privatgelände besucht, darf sich über die beruhigende Wirkung der grünen Pracht freuen.

coloniasantjordi.es/ausflugstipps/botanicactus

STRANDHAUS-FLAIR

Es ist die Liebe zum Detail, die sich an diesem Ort offenbart: In jeder Nische des „Cassai Beach House“ entdeckt man etwas. Im Restaurant im blau-weiß-maritimen Komplettlook sind es die großen Schwimmringe am Geländer oder die bauchigen Laternen auf den Tischen. Und für den angrenzenden Concept-Store mit „Home & Fashion“ sollte man sich besser ausreichend Zeit nehmen, um hier an einem Sommerkleid zu zupfen und dort Keramik zu befühlen. In Colònia de Sant Jordi hat Catalina Socías ein altes Fischerhaus in einen eigenen Mikrokosmos verwandelt – selbst in der ehemaligen Küche mit den bemalten Fliesen sind noch passende Wohnaccessoires zu finden. „Was meine Projekte besonders macht, ist, dass man die Leidenschaft, die ich in jedes einzelne stecke, spüren kann“, sagt die Inneneinrichterin und viel beschäftigte Unternehmerin. Meerblick mit Sonnenuntergangs-Pole-Position und dekorativ angerichtete Wohlfühlgerichte konkurrieren in einem Restaurant, das tatsächlich bloß ein Baustein der Marke „Cassai“ ist. Das ältere „Gran Café & Restaurant“, das Catalina Socías in einer Finca aus dem Familienkreis Gestalt annehmen ließ, befindet sich wie ihr erstes Einrichtungsgeschäft im Herzen von Ses Salines – nicht zu übersehen mit der Fassade in sanftem Grün. „Ses Salines und Colònia de Sant Jordi sind Dörfer mit einem ganz besonderen Charme, deshalb habe ich beschlossen, meine Projekte hier zu starten.“ Weil die Entrepreneurin ihre Ideen gern zeitnah umsetzt, besitzt sie mit dem „Es Turó“ und der „Villa Piccola“ noch zwei Hotels. Außerdem vermietet sie Ferienunterkünfte in der Nähe von Es Trenc. Und hat zuletzt noch eine „Catalina Home Design“-Dependance in Santanyí eröffnet. Man könnte fast den Überblick verlieren. Catalina Socías hingegen hat längst Neues vor: Sie plant ein Hotel in Ses Salines und ein Restaurant in Campos.

reservas.cassai.es, cassaifashion.com

MIT LIEBE ZUM DETAIL EINGERICHTET: „CASSAI BEACH HOUSE“

TIPPS

ESSEN

CASA MANOLO

Ses Salines

„Casa Manolo“ in Ses Salines ist das, was man eine Institution nennt. Als ultimativer Beweis existieren Fotos, auf denen die Belegschaft mit dem Königspaar Felipe und Letizia zu sehen ist. Das familiengeführte Lokal, das es seit 1945 gibt, wird geliebt für Spezialitäten wie Fisch im Salzmantel. Und heißt offiziell „Bodega Barahona“.

bodegabarahona.com

5ILLES

Colònia de Sant Jordi

Gleich drei unterschiedliche Gastro-Konzepte, die alle fünf Sinne ansprechen sollen, gehören zu „5illes“. Auf den Karten von „Eat & Drink“, „Beach & Sunset“ und „Port“ stehen mediterrane Gerichte und Drinks. Vor der Tür einmal das Zentrum, einmal die Platja Estanys und einmal der Hafen von Colònia de Sant Jordi.

5illesmallorca.com

KAIRIKU

Campos

Im Weinkeller eines alten Herrenhauses gelegen, finden lediglich zehn Gäste am einzigen Tisch im japanischen Restaurant „Kairiku“ Platz. Der Küchenchef entscheidet und serviert ein exklusives Verkostungsmenü („Omakase“), zu dem eine Auswahl an japanischen Getränken wie Sake, Bier oder Matcha-Tee gereicht wird.

kairiku.es

CALLE CRUZ 20

Campos

„Calle Cruz 20“ ist eine Mischung aus Boutique und entspanntem Bistro. Campos mag nicht für besonders viel Leben auf den Straßen bekannt sein, aber wer sich an einem der Markttage nach Ruhe sehnt, der wird sie im hübschen Patio finden.

@bistro_calle_cruz_20

SCHLAFEN

HONUCAI

Colònia de Sant Jordi

Am alten Fischerhafen gelegen, setzt das Boutiquehotel „Honucai“ auf moderne Einrichtung, lokale Produkte im Restaurant „Salicornia“ und eine Dachterrasse mit gleich zwei japanisch inspirierten Gastro-Konzepten plus Cocktailbar.

hotelhonucai.com

CA'N BONICO
Ses Salines

Das Boutiquehotel „Ca'n Bonico", ehemaliger Herrensitz aus dem 13. Jahrhundert, liegt in Sichtnähe der Kirche von Ses Salines. Im historischen Gebäude, zu dem auch eine Bibliothek mit antiken Büchern zählt, wird regelmäßig Kunst präsentiert.

hotelcanbonico.com

SA CREU NOVA
Campos

Das luxuriöse Stadthotel „Sa Creu Nova" nennt sich selbst „Petit Palais Art & Spa" und verbindet Althergebrachtes mit modernem Design und ausgewählter Kunst. Für kulinarische Highlights sorgen neben dem „Kairiku" auch das Restaurant „Tess de Mar" sowie die Bar „Es Vicari".

sacreunova.com

FONTSANTA
Campos

Die einzige heiße Thermalquelle der Insel gehört zum Fünfsternehotel „Fontsanta" östlich von Es Trenc. Teil des Hotels ist auch das „Refugi" in Strandnähe – eine exklusiv für Gäste buchbare Hütte im Wald mit Außendusche und Ruhezone.

fontsantahotel.com

INSEL CARBRERA

Vor der Südspitze Mallorcas liegt die „Ziegeninsel" mit rund 16 Quadratkilometern Größe. Zum Cabrera-Archipel zählen insgesamt 19 kleine Inseln, die Teil eines Nationalparks sind. Die namensgebenden wilden Ziegen setzte man einst nach Mallorca über, da ihre Gefräßigkeit das Wachstum von Pflanzen verhinderte. Wer ein Ausflugsboot nach Cabrera besteigt, kann auch die „Blaue Grotte" besichtigen.

excursionsacabrera.es

LA RECOVA
Ses Salines

Der Concept-Store „La Recova" ist ein Projekt von Gleichgesinnten, die sich dem Thema Nachhaltigkeit verschrieben haben. Man findet bedruckte Fairtrade-Baumwollshirts sowie hölzerne Sonnenbrillen und Acrylmalerei auf Treibholz.

larecovamallorca.com

RUND UM MANACOR

IM HERZEN DER INSEL

Es Pla heißt die fruchtbare Ebene, die sich im Schutz des Tramuntana-Gebirges und der Serres de Llevant von der Bucht von Alcúdia über 600 Quadratkilometer nach Südwesten ausdehnt. In der Kornkammer der Insel gedeihen Getreide, Obst und Gemüse, aber auch Oliven- und Mandelbäume oder Weinreben – und das schon seit Jahrhunderten.
Es war der Tourismus, der die Stellung mächtiger Landbesitzer und zugleich ein althergebrachtes Wertesystem von Grund auf veränderte. Traditionell erbte der älteste Sohn die Latifundien im Landesinneren. Weniger „bedeutsame" Nachkommen bekamen das als nutzlos erachtete Land an der Küste. Auf unfruchtbarem Grund, dort, wo man in der Vorzeit Piratenangriffe hatte fürchten müssen, etablierte sich ein neuer Wirtschaftszweig, und die Prioritäten verschoben sich unwiederbringlich. Heute findet man im Herzen der Insel noch immer Menschen, die sich ihrer Wurzeln bewusst sind. Unternehmerpersönlichkeiten, die das Erbe der Vorfahren bewahren wollen. Und die es gleichzeitig weiterentwickeln, um achtsam etwas Neues zu schaffen.

DER GEIST DER VERGANGENHEIT

Wer Els Calderers erst kurz vor Torschluss erreicht, wird mit etwas Glück für sein spätes Erscheinen belohnt. Nicht nur mit goldenem Licht, das sich sanft auf die Felder zwischen Ma-15 und Sant Joan legt. Sondern auch mit einem bald 740 Jahre alten Landgut, dessen Räume man fast allein entdecken darf, wenn die letzten Besuchergruppen abgefahren sind.

Vom Empfangszimmer aus fällt der Blick in den begrünten Innenhof mit einem Brunnen, dessen Wasserqualität bereits Erzherzog Ludwig Salvator in seinem Buch „Die Balearen" gelobt hat. Man durchschreitet die Wohnräume, die Kapelle, das Jagdzimmer und die Schlafzimmer genauso wie Weinkeller und Küche. Was diesen Ausflug so besonders macht, ist, dass der Herrensitz von 1750, den die einstige Doña Carmen Juan de Sentmenat Morell in ein Museum umgewandelt hat, noch komplett eingerichtet ist. Die Tafel im Esszimmer ist so festlich gedeckt, dass man meinen könnte, im nächsten Moment würden Gäste den Raum betreten. In jedem Winkel antike Möbelstücke und Gemälde sowie private Gewänder, Andenken und sogar verblichene Fotografien. Sie erzählen die Geschichte der adligen Bewohner und die ihrer Bediensteten. Und sie geben Einblick in das Leben im Pla. Einst widmete man sich auf den Ländereien von Els Calderers dem Weinanbau, später ersetzte man die Weinstöcke durch Getreide. Vom landwirtschaftlichen Alltag früherer Zeiten zeugen Räumlichkeiten wie die turnhallengroße Kornkammer oder die Schmiede, aber auch die schwarzen Schweine, „Porc Negre", und die Ziegen, denen man bei einem Spaziergang im Freien einen Besuch abstatten kann. Tauben gurren, der Hofhund ruht unbeeindruckt in seiner steinernen Hütte, und schon lange nicht mehr

MUSIKZIMMER DES HISTORISCHEN LANDGUTS ELS CALDERERS

gebrauchte bäuerliche Gerätschaften säumen die Zufahrt, die man hinuntergeht. Die Gedanken verharren noch bei der Mitarbeiterin, die mit gedämpfter Stimme von einem Geist erzählt hat, der regelmäßig auf dem Klavierschemel im Musikzimmer Platz nehmen soll. Doch mit Durchschreiten des Tores lässt man die Vergangenheit hinter sich.

RÜCKKEHR ZU DEN URSPRÜNGEN

„Obst und Gemüse ist nicht besser, je mehr es glänzt. Der Duft und Geschmack unserer Lebensmittel ist wie eine Reise in die Vergangenheit." Die Worte von Tomeu Lliteres könnten schlicht nach gutem Marketing klingen, wenn die Geschichte dahinter nicht so authentisch wäre. Lliteres ist einer von vier Geschäftspartnern, die durch die Fusion zweier Familienbetriebe das Unternehmen Agromart gegründet haben. 2011 mit einem Geschäft im Heimatdorf Porreres gestartet, existieren aktuell rund zwei Dutzend Läden auf der ganzen Insel.

Die eigenen Wurzeln haben eine besondere Bedeutung für die vier Gründer Tomeu Lliteres sowie Apollònia, Rafel und Miquel Figuera. „Wir produzieren zwei Tonnen Obst und Gemüse, hauptsächlich auf den Feldern unserer Vorfahren, haben aber auch Vereinbarungen mit anderen Bauern." Um den gestiegenen Bedarf zu decken, gedeihen auf 140 Hektar Land in zehn mallorquinischen Dörfern mittlerweile 400.000 Pflanzen von 40 verschiedenen Sorten. Das Ziel sei, den Spuren vorangegangener Generationen zu folgen, den Beruf des Bauern zu würdigen und ihn zu professionalisieren.

Längst werden in den 23 Filialen auch Gourmetwaren verkauft – mehr als 3.500 lokale, nationale und internationale Artikel wie Wein, Käse und vegane Produkte gehören zum Sortiment. Obst und Gemüse sind trotzdem noch immer das Markenzeichen. „Auf unseren Anbauflächen kultivieren wir auch alte, lokale Sorten wie den ‚Sineus'-Pfirsich", sagt Tomeu, der für die Kontrolle der Produkte zuständig ist. Während die „Schwarze Artischocke" mit ihrer Form an eine gefüllte Tulpe erinnert, macht die runzlige Schale der „Fei"-Melone optisch etwas weniger her. „Der Geschmack spricht jedoch für sich." Bei Agromart ist man überzeugt, dass die Zukunft in der Nachhaltigkeit liegt. „Eine so touristische Insel muss aus Fehlern lernen, den Erfolg besser managen und sich nicht von dem abwenden, was uns über viele Jahrhunderte ernährt hat: der landwirtschaftliche Sektor." Schließlich sei ebendieser auch für die Aufrechterhaltung einer der größten Attraktionen dieser Erde verantwortlich, findet Tomeu: „Die einzigartige Landschaft der Balearischen Inseln."

agromart.es

IMPULSGEBER: DAS UNTERNEHMERPAAR IVAN UND SHEELA LEVY

KREATIVE URKRAFT

Die antike Holztür scheint ins Nirgendwo zu führen. Mehrere Meter hoch und eingefasst von einem schwarzen Metallrahmen, gibt sie leicht geöffnet den Blick frei. Worauf? Da ist zunächst die Landschaft rund um Montuïri, seit Jahrhunderten geprägt von den Menschen, die hier ihr Land bewirtschaften. Nicht weit entfernt lässt sich auch die talaiotische Siedlung Son Fornés erahnen, fast unglaubliche 3.000 Jahre alt. Sheela Levy, die im Garten der Finca Son Naava genau diesen Platz für das Kunstobjekt ausgewählt hat, sieht vor allem eines: „Die Natur strahlt eine unglaubliche Ruhe und Kraft aus. Das hat etwas Magisches."
Es war dieses Gefühl, das das kosmopolitische Unternehmerpaar Sheela und Ivan Levy an diesen Ort geführt hat. Ausgerechnet. Zu einem Haus, das genau in der Mitte der Insel liegt und eben nicht am Meer, so wie Dutzende andere Immobilien, die beide zuvor verworfen hatten. Nachdem die Levys ihre „The Body Shop"-Filialen in der Schweiz verkauft hatten, waren sie auf der Suche nach einem Feriendomizil. Die Finca, die zuvor der Familie Swarovski gehört hatte und eigentlich längst einem Schauspieler aus Los Angeles versprochen war, wurde dann der „schnellste Kauf", den das Paar je abschloss.
„Es fühlte sich einfach richtig an", sagt Sheela Levy und blickt hinaus auf die Olivenbäume, an deren Ästen der Wind an diesem Tag heftig zerrt. 500 dieser knorrigen Gewächse zählten zum Besitz, als die Familie einzog. Heute sind es 3.000. „Wir gehören nicht zu denjenigen, die am Pool sitzen oder Golf spielen. Nachdem wir Kontakt zu Carlos Feliu hatten, entschieden wir, eigenes Olivenöl herzustellen, und die Reise begann." Carlos Feliu, dem mit „Can Feliu" in Porreres nicht nur ein Agroturismo gehört, sondern auch eine uralte Weinkellerei, ist berühmt für seinen biodynamischen Ansatz. „Er verfügt über schier unendliches Wissen, und auch das Olivenöl, das wir mit unserer eigenen Presse in Porreres herstellen lassen, unterliegt strengen ‚Demeter'-Richtlinien."

Erst vor Kurzem wurde das milde Son-Naava-Öl aus Arbequina-Oliven beim „Olive Oil Award“ in Zürich prämiert. Nur ein Produkt aus einem wachsenden Sortiment mit Tee und Gewürzpuder aus Olivenblättern sowie teils ebenfalls preisgekrönten Weinen und Honig, dessen Herstellung auch dem Schutz von Bienen dient.

„Was uns immer wieder reizt, ist die Herausforderung, etwas Einzigartiges zu kreieren.“ Dieser Anspruch zeigt sich im privaten Wohnhaus, das die Interior-Designerin und Feng-Shui-Expertin mit untrüglichem Gespür für Harmonie gestaltet hat, genauso wie in zwei eigenen Restaurants, die sich „eher zufällig“ ergeben hätten – das „Fera“ in Palma und das „Yara“ in Puerto Portals. Dann wäre da noch das Immobilienprojekt „Son Rahaa“, das die Levys in ein paar Kilometern Entfernung verwirklichen – auf 250.000 Quadratmetern Land inklusive Wildbach und 1.300 Mandelbäumen.

„Dort wie hier lebt man inmitten der Jahreszeiten“, sagt Sheela Levy. Wenn bald der Oktober in den November übergehen und der Sonnenuntergang in Montuïri den Atem rauben wird, steht die nächste Olivenernte an. Ivan Levy geht gern zwischen den betagten Bäumen spazieren, doch seine Frau zieht es hinaus. Ganz allein sieht man sie dann zwischen den Feldern. Irgendwo in der Mitte der Insel.

sonnaava.com

WELTKULTURERBE

„Puntill“ wird die Kerbe genannt, am Boden eines mundgeblasenen Objekts, dort, wo zuvor Glas und Stab miteinander verbunden waren. Rau fühlt sie sich an, wenn man mit den Fingerspitzen darüberstreicht. Doch weil diese eigentliche Unvollkommenheit die Verbindung zwischen Kreation und Meister symbolisiert, wird sie nicht als Makel angesehen, sondern als „Nabel“ eines jeden Unikats, das in mittlerweile achter Generation im Hause Gordiola entsteht.

Von Palma aus die Insel auf der Ma-15 in Richtung Osten durchquerend, bemerkt man kurz vor Algaida das burgähnliche Gebäude, in dem 1973 zum ersten Mal ein Ofen angeheizt wurde, um Rohstoffe wie Quarzsand zu schmelzen. Noch heute kann man im großen Ofenraum, architektonisch angelehnt an den „Palast der Könige von Mallorca“ in Perpignan, Glasbläser bei ihrer Arbeit bewundern. Dabei zuschauen, wie sie die glühende Masse erst vom 1.200 Grad heißen Gasofen in den – noch wie früher – mit Holz beheizten Abkühlofen befördern, um anschließend das Glas zu blasen und routiniert mit traditionellen Werkzeugen wie „Zange“ oder „Zwackeisen“ ein Kunstwerk zu formen, das es genau so kein zweites Mal geben wird. Schon wegen der „Piquitos“, wie die Blasen heißen, die dauerhaft im Innern des farbigen Glases gebannt sind. In dem saphirblauen Wasserkrug und dem citrinfarbenen Ölkännchen genauso wie im dekorativen Kerzenständer oder dem prachtvollen Lüster. Neu ist, dass mittlerweile auch Recyclingglas verwendet wird.

Die Fülle der Stücke, die im Ladengeschäft präsentiert wird, sagt eine Menge über die im Hause Gordiola schon seit 1719 kultivierte Glasbläserkunst, die Ende 2023 zum immateriellen UNESCO-Weltkulturerbe ernannt wurde. Noch viel mehr erzählt jedoch das Museum im Obergeschoß, das 1977 im Beisein von Königin Sofia eingeweiht wurde. Es berichtet von einem uralten Handwerk, das schon die Phönizier pflegten und das unter den Römern eine erste Blütezeit auf Mallorca erlebte. Daniel Aldeguer Gordiola, Vater der heutigen Inhaber, hatte sich nach Übernahme des alten Familienbetriebs, der damals noch in Palma ansässig war, intensiv mit der Vergangenheit auseinandergesetzt. Er studierte die Zusammensetzung der Rohstoffe, nahm mit Archäologen an teils abenteuerlichen Ausgrabungen im Ausland teil und schrieb eine wissenschaftliche Abhandlung, die detailliert durch die Epochen führt. Eine wichtige Rolle spielen die Glasbläser der Insel Murano, von denen im 17. Jahrhundert einige Venedig gegen den Willen der Herrschenden verließen und ihr Wissen in die Welt und schließlich bis nach Mallorca trugen. Auch die Gordiolas profitierten davon, wenngleich ihre Produkte schon damals rustikaler waren als die der Italiener.

Daniel Aldeguer Gordiola engagierte zu seiner Zeit vier Meister aus Murano, um seine Ideen umzusetzen. Zerbrechliche Schöpfungen mit mediterranem Charakter, geprägt von den ureigenen Wurzeln und von den Farben der Insel. Noch immer geht die Glaskunst, die seit 1879 im „Gordiola“-Geschäft in Palma und mittlerweile auch im Onlineshop verkauft wird, auf Reisen in die ganze Welt. Darunter sind Entwürfe, die von Generation zu Generation weitergegeben werden. So wie die aufwendig verzierte Karaffe mit Schwanenverschluss: Das Design „Archiduque“ wurde benannt nach Erzherzog Ludwig Salvator, ersonnen schon Ende des 19. Jahrhunderts für Wein aus dessen eigenem Anbau.

gordiola.com

GLASBLÄSER IM OFENRAUM VON GORDIOLA

TIPPS

ESSEN

ANDREU GENESTRA
Llucmajor

Sternekoch Andreu Genestra ist umgezogen und startet im „Zoëtry Mallorca“ auf dem alten Landgut „Sa Torre“ in ein zweites Jahrzehnt seiner Küchenkunst. Vier verschiedene Degustationsmenüs warten auf Feinschmecker.

andreugenestra.com, hyattinclusivecollection.com

CA’L DIMONI
Algaida

Schon vor der Tür der Geruch von offenem Feuer. Drinnen an der Decke Sobrasadas und Kellner, die auch mit jenen Geduld haben, die nicht wissen, was Botifarró ist. Drumherum überall Teufelsmasken, schließlich ist man im „Ca’l Dimoni“. An manchen Sonntagen kehren hier 800 Menschen ein.

speisekarte.menu/restaurants/algaida/cal-dimoni

L’ESCRIVANIA
Porreres

Das Gebäude, in dem sich das Restaurant „L’Escrivania“ befindet, beherbergte früher eine Schreibstube und sogar ein Gefängnis. Heute werden in der Küche auch Aprikosen verarbeitet, die unter dem Namen „Can Parrí“ etwa getrocknet und schokoliert verkauft werden.

lescrivaniarestaurant.com
canparriporreres.com

CELLER CAN FONT
Sineu

Um die Ursprünge des kleinen Hotels „Can Font“ zu erkunden, muss man den „Celler“ betreten. Im uralten Gewölbe zwischen mannshohen Fässern isst man bevorzugt original mallorquinisch.

canfontsineu.com

SCHLAFEN

OLIVER MORAGUES GRAND HOUSE & VINEYARDS
Algaida

Seit 1996 Landhotel, geht die Geschichte der „Possessió Binicomprat“ zurück bis auf die Zeit vor 1229, als König Jaume I. Mallorca eroberte. Seit 1511 gehört das Anwesen der Familie Oliver Moragues, die heute auf sieben Hektar auch der eigenen Wein kultiviert. Verkostungen möglich.

olivermoragues.house („Day Pass“ buchbar)

HOTEL RURAL ES RIQUERS
Porreres

Das Viersternehotel macht nicht nur der Panoramablick auf die Ebene Pla de Mallorca besonders, sondern vor allem die Kollektion von Joan Bennàssar. Der Künstler selbst wählte Gemälde und Skulpturen aus, die sich harmonisch in das Gesamtensemble einfügen.

hotelesriquers.com

HOTEL CAN JOAN CAPÓ

Sineu

„Weit entfernt vom Massentourismus" – damit wirbt das kleine Boutiquehotel „Can Joan Capó" und meint nicht nur das ruhige Sineu im Landesinnern, sondern auch den persönlichen Service. Gut geeignet auch für Fahrradtouristen.

canjoancapo.com

ERLEBEN

SANTUARI DE CURA

Randa

543 Meter über dem Meeresspiegel findet man auf dem Puig de Randa das Kloster „Nuestra Senora de Cura Randa", die Herberge „Santuari de Cura" und einen einzigartigen 360-Grad-Blick. Im Shop des „Santuari" gibt es lokale Mandeln sowie Mandellikör zu kaufen.

santuaridecura.com

CAN FELIU

Porreres

Die Geschichte des Weinguts Can Feliu beginnt im 18. Jahrhundert. Nach Abschluss eines Önologiestudiums in den USA begann Carlos Feliu 1999 mit der Wiederbelebung alter Flächen. Wer mehr über die preisgekrönten Bio- bzw. Demeter-Weine erfahren will, kann eine Führung mit Weinprobe buchen.

canfeliu.es

LA ESCUELA ARTESANA

Llubi

Stühle flechten, Trockenmauern bauen, Körbe winden – die Kurse der „Escuela Artesana" sind bereichernd für alle, die traditionelles Handwerk praktizieren wollen. Araceli Iranzo, eine der beiden Initiatorinnen, ist auch Gründerin des Korbtaschenlabels „Antic Mallorca".

laescuelaartesana.com, anticmallorca.com

ATLAN & ARTISAN

Manacor

Mosel, Murcia, Mallorca – unter dem Namen „Atlan & Artisan" baut Sebastian Keller zusammen mit Philippe Bramaz Weine in unterschiedlichen Regionen an. Der mallorquinische Wein trägt den Namen „8 Vents". Neuestes Projekt: Sos Ferrers, ein Landgut von 1575, das mithilfe einheimischer Landwirte so werden soll, wie es einmal war.

atlanandartisan.com, sebastiankeller.com, weinkeller-shop.com

MIQUEL OLIVER

Petra

Das Weingut „Miquel Oliver" vereint Vergangenheit und Zukunft – traditionell in Petra zu Hause, ist die moderne Produktion nun am Ortsrand angesiedelt. Ganz unterschiedliche Touren führen durch mehr als 100 Jahre Geschichte und verbinden Weinbau-Wissen mit kulinarischen Genüssen.

miqueloliver.com

TOP TEN

STRÄNDE UND BUCHTEN

CALA COMTESSA

Illetes

CALA DEIÀ

Deià

SANT VICENÇ

Pollença

COLL BAIX

Alcúdia

CALA MESQUIDA

Capdepera

CALA AGULLA

Cala Rajada

CALA MONDRAGÓ

Santanyí

CALA MÀRMOLS

Santanyí

ES TRENC

Campos

CALA PI

Llucmajor

AUSSICHTSPUNKTE

LA TRAPA

Sant Elm

Gute fünf Kilometer sind es von Sant Elm bis nach „La Trapa". Und schon der Weg zur Ruine des Klosters von 1810 belohnt mit Traumaussicht auf die Bucht Cala en Basset sowie final mit dem Blick auf die vor Sant Elm gelegene „Dracheninsel" Sa Dragonera.

TORRE DES SES ANIMES

Banyalbufar

Auf dem Weg von Banyalbufar nach Andratx liegt kurz nach dem Dorfausgang der Wachturm „Torre de Ses Animes". Direkt an der Küstenstraße Ma-10, 250 Meter über dem Meer. Eine Eisenleiter im Inneren führt zu unvergleichlichen Blicken entlang der Westküste.

CASTELL DE BELLVER

Palma

Einst Sommerresidenz der Könige, dann Gefängnis und Hinrichtungsstätte. Heute beherbergt der mittelalterliche, romanisch-gotische Rundbau ein Stadtmuseum, zwei übereinander liegende Säulengänge und einen grandiosen Blick über die gesamte Bucht sowie die Stadt Palma.

SON MARROIG

Valldemossa

Von einer doppelten Bläue an Himmel und Meer sprach Ludwig Salvator von Österreich-Toskana über den Ausblick von seinem Landgut Son Marroig. Zehn Kilometer fährt man von Valldemossa in Richtung Deià zum einstigen Besitz des Erzherzogs, um vom ionischen Tempel aus den besten Blick auf Sa Foradada zu genießen.

SANTUARI DE CURA

Randa

Bereits von Weitem ist der 543 Meter hohe Puig de Randa zu sehen. Gleich drei „Klöster" liegen darauf – das höchstgelegene ist das Santuari de Nostra Senyora de Cura. Neben Kapelle und Museum befinden sich dort auch ein Gästehaus und ein Restaurant. Wer Mitte Januar bis Mitte März kommt, erlebt den Anblick einer in rosa und weiße Mandelblüten getauchten Insel.

KALVARIENBERG

Pollença

Vom Marktplatz in Pollença geht es links an der Kirche Nostra Senyora dels Angels vorbei zu den Treppen zum Kalvarienberg. Genau 365 Stufen führen empor zu einer kleinen, barocken Kapelle aus dem 18. Jahrhundert und Traumblicken über Dorf, Meer und Tramuntana.

TORRE DE ALBERCUTX

Formentor

Auf der Ma-2210 Richtung Leuchtturm auf der Halbinsel Formentor wartet bereits nach zehn Kilometern ein sensationeller Ausblick: vom Wachturm „Torre de Albercutx" aus dem 16. Jahrhundert, auf 380 Metern Höhe, wo sowohl An- als auch Abfahrt schon lohnen.

SA CALOBRA

Escorca

Wer Kurven fahren kann, sollte sich Schlucht und Bucht von Sa Calobra nicht entgehen lassen. Nach den Serpentinen am Puig Major geht es durch dramatische Klippen zu den Zwillingsbächen Torrent de Pareis und an einen Strand mit Blicken auf unvergleichliches Blau, Grün und Türkis.

SANTUARI DE SANT SALVADOR

Felanitx

Man bewundert die Fußgänger, die den Pilgerweg erklimmen, und die Radfahrer, die sich Serpentine für Serpentine hinaufkämpfen zum Santuari de Sant Salvador. Egal, wie man auf den rund 500 Meter hohen Gipfel gelangt: Der Rundumblick bleibt unvergesslich.

FAR DE CAPDEPERA

Cala Rajada

Nicht nur Frühaufstehern, die hier den Sonnenaufgang genießen wollen, sei die kurze Wanderung zum Leuchtturm „Far de Capdepera" ans Herz gelegt. Seit 1861 weist dieses bewohnbare Exemplar den Seeleuten den Weg. Nach dem Spaziergang empfiehlt sich ein Abstecher in die kleine Bucht Cala Gat.

WANDERUNGEN

CAMÍ DE SA VOLTA DES GENERAL

Banyalbufar

Die Mischung aus ungesicherter Steilküste auf der einen Seite und rötlich gefärbten, dramatischen Klippen auf der anderen macht diese Wanderung zu einer sehr besonderen, aber dennoch leicht zu bewältigenden. Der Weg führt in eineinhalb Stunden von Banyalbufar bis zum authentischen Fischerdorf Es Port des Canonge.

CASTELL D'ALARÓ

Alaró

Über den Fernwanderweg GR221 geht es vom Dorf Alaró hinauf auf die Festungsruinen des Castell d'Alaró. Die familienfreundliche Wanderung endet mit weiten Blicken über die Ebene Llanura Central, einem Besuch der Kapelle „Nostra Senyora del Refugi" sowie einem Gasthaus, bei dem sich prima Proviant für das Panorama-Picknick besorgen lässt.

VON DER CALA MESQUIDA ZUR CALA TORTA

Artà

Parkt man „oben" linksseitig der Cala Mesquida, beginnt ganz am Ende eines Wendekreises ein felsiger Pfad. Heiligenkraut zu Füßen und das Meer zur Rechten, genießen Trittsichere die Sicht bis nach Menorca. Als Belohnung wartet die traumhafte Naturbucht Cala Torta.

LA VICTORIA

Alcúdia

Die ehemalige Ermità de la Victoria ist Ausgangspunkt für diverse Wanderungen, die in Länge und Schwierigkeitsgrad voneinander abweichen. Für die einen ist der Weg zur Bucht Coll Baix das Richtige, die anderen wählen den zur Talaia d'Alcúdia, der höchsten Erhebung auf dem Cap del Pinar.

PUIG DE SES BRUIXES

Llucmajor

Der rund 350 Meter hohe „Hexenberg" nördlich von Llucmajor fällt durch seine Form mit schroffer Steilwand auf. Auf der Nordseite ist der Gipfel mit seinem Rundumblick jedoch gut zu erreichen. Der Legende nach sollen Hexen in einer nahe gelegenen Höhle gelebt haben.

ES CALÓ

Betlem

Ganz am Ende von Betlem beginnt die rund einstündige Küstenwanderung zur Bucht Es Caló. Beglückend ist das leuchtende Türkis des Meeres genauso wie das satte Grün der angrenzenden Berge. Besonders zu den (Jahres-)Zeiten, in denen hier kaum jemand anzutreffen ist.

JAKOBSWEG

Lluc

2018 gaben die geistlichen Entscheidungsträger in Santiago ihr Einverständnis zur Erweiterung des Jakobswegs. Seitdem darf sich Lluc als „Kilometer null" bezeichnen. Von der Wallfahrtskirche geht es entweder über Orient, Bunyola, Son Sardina und das Monasterio de Santa Mariá de la Real oder über Selva, Caimari, Mancor de la Vall, Lloseta, Binissalem, Consell und Santa Maria del Camí bis zur Basilika Sant Francesc in Palma.

SES FONTS UFANES

Campanet

Warum man beim Rundweg durch den „Zauberwald" bei Campanet möglicherweise ein Schwimmen-verboten-Schild erspäht? Weil im Winter nach starken Regenfällen überall aus dem Waldboden kleine Quellen sprudeln. Ein seltenes hydrogeologisches Phänomen, das nur wenige Tage andauert.

RUTA FORNALUTX

Biniaraix

Tausende Orangen- und Zitronenbäume, grasende Weidetiere, romantische Bachläufe und an Start und Ziel zwei der schönsten Bergdörfer des Westens erwarten die Wanderer. Vom Marktplatz in Biniaraix geht es über den Camí de Binibassi bis nach Fornalutx und durch das pittoreske Dorf wieder zurück. Eineinhalb Stunden, 250 Höhenmeter.

STAUSEE GORG BLAU

Serra de Tramuntana

Der Stausee Gorg Blau im Tramuntana-Gebirge gilt der Trinkwasserversorgung. Bei seinem Bau bis Anfang der 1970er-Jahre wurde eine prähistorische Stätte geflutet, von der drei Säulen bewahrt und am Ufer aufgestellt wurden. Man kann um den See wandern oder sich eine Route – zum Beispiel in Richtung Puig Major – aussuchen.

SPORT

TENNIS & PADEL

Eine Insel, von der Rafael Nadal stammt, kann nur tennisverrückt sein. Zu den bekanntesten Clubs gehören sein eigener in Manacor, der Netzwerker-Treff „Palma Sport & Tennisclub“ sowie der „Mallorca Country Club“ in Santa Ponça. Padel ist ebenfalls sehr beliebt, es gibt mehrere Clubs sowie Plätze im Countryclub des „Cap Vermell Grand Hotel“ in Canyamel.

rafanadalclub.com, palmatennis.com, sportingclubportals.com, capvermellgrandhotel.com

GOLF

Als schönster Club der Insel gilt der „Alcanada Golf Club“ mit Blick auf Leuchtturm und die Bucht von Alcúdia. Entworfen von Robert Trent Jones Jr., treffen sich hier Spieler, die ein maximales Handicap von 35 (Damen) bzw. 33 (Herren) vorweisen können. Für eine Clubrunde lohnen sich aber auch Plätze rund um Artà.

golf-alcanada.com

HEISSLUFTBALLON

Mallorca aus der Vogelperspektive entdecken? Funktioniert vom Heißluftballon aus. Der „Ballonhafen“ befindet sich an der Ma-15 in Manacor, als erster in Spanien offiziell vom Luftamt genehmigt. Nach Einweisung und Aufbau geht es nach oben – inklusive „Ballontaufe“.

mallorcaballoons.com

KLETTERN

Canyoning im Coanegra-Tal, Coasteering und Cliffjumping oder Spelunking in der Wasserhöhle? Auch für Adrenalinjunkies bietet die Insel ausreichend Spielplätze. Damit Abenteuerlustige auf sicheren Pfaden unterwegs sind, gibt es erfahrene Teams wie das von Món d'Aventura in Pollença.

mondaventura.com

TAUCHEN

Bei „Mero Diving“ an der Cala Lliteres kann man ohne große Vorbereitung einen Schnuppertauchkurs buchen. In der „Taucherbucht“ trifft man auf Gleichgesinnte und ein spannendes Revier – und womöglich sogar Gründer Jaime Ferriol, der ein legendärer Höhlentaucher ist.

mero-diving.com

(E-)BIKEN

Radverleih-Möglichkeiten gibt es einige in Artà, und wer in Betracht zieht, die Ermità de Betlem auf dem Fahrrad anzusteuern, der sollte sein Fitnesslevel vorher realistisch einschätzen. Auch auf dem E-Bike lassen sich die Serres de Llevant erkunden.

labicicletta.es

REITEN

Große und kleine Pferdefans steuern mit Familie besonders gern „Hípico Cala Ratjada" an – auch bekannt als „Eddis Reitstall" –, um sich auf dem Pferderücken aufzumachen zur Cala Agulla oder in Richtung Cala Mesquida.

hipicocalaratjada.com

BOOTSTOUR

Man muss nicht unbedingt einen Führerschein vorweisen können, um bei einem der vielen Charterunternehmen ein kleines Motorboot mieten zu dürfen. Mit entsprechender Lizenz hingegen lässt sich sogar ein klassisches hölzernes „Llaüt" steuern.

llauts.com

SEGELN

Seit 90 Jahren bietet der „Club Nàutic Portitxol" eine der schönsten Gegenden und besten Bedingungen zum Segeln. Im Hafen des direkt neben der Hauptstadt gelegenen, charmanten Fischerdörfchens Portitxol locken sowohl Regatten, Sommercamps als auch die Segelschule für Kinder.

cnportitxol.info

SUP, KITEN UND WINGFOIL

Bedächtig auf dem SUP-Board, waghalsiger mit dem Kite und experimentell mit dem Wingfoil – Anbieter gibt es einige. Die deutschsprachigen Lehrer der Kiteschule Mallorca unterrichten unter anderem im einzigen Stehrevier in der Bucht von Pollença, die von Sóller SUP im dortigen Hafen.

ollikitemallorca.com, sollersup.com

FAMILIE

IN DEN SONNENUNTERGANG ZUR SA FORADADA WANDERN

Eine knappe Stunde dauert die familienfreundliche Wanderung von Son Marroig zur durchlöcherten Felsformation „Sa Foradada" im Westen. Am besten nachmittags starten, um den schönsten Sonnenuntergang der Insel zu Paella und Traumblicken auf das offene Meer genießen zu können.

restaurantesaforadada.com

ZUG FAHREN IN SÓLLER

Rund fünf Kilometer lang ist die Strecke vom Dorf Sóller in seinen Hafen Port de Sóller. Sie mit den kleinen, hölzernen Zügen aus dem Jahr 1912 zu befahren, die hinter dem Marktplatz halten, ist ein besonderes Erlebnis.

trendesoller.com

SCHNORCHELN IN DER CALA LLITERES

Der Fischreichtum in der „Taucherbucht" Cala Lliteres ist so beeindruckend, dass man selbst als Schnorchler meint, in ein Aquarium gefallen zu sein. Unbedingt Masken und Brillen mitnehmen, um ganze Brassenschwärme zu bestaunen. Mit sehr viel Glück sieht man im klaren Wasser vielleicht sogar einen Kraken.

TRETBOOT FAHREN ZUM ES PONTÀS

Es Pontàs ist der Name des Felsentors unweit der Cala Santanyí, das man von dort aus etwa mit Tretboot oder SUP erreichen kann. Und nur weil auch Influencerinnen diesen eindrucksvollen Ort entdeckt haben, muss man ihn nicht meiden – lediglich die Zeit mit Bedacht wählen.

LINE-DANCE AUF DER RANCHO GRANDE

Nicht nur kleine Kinder freuen sich über einen Besuch auf der „Rancho Grande" mit Pferden, Papageien, Straußen und mehr. Am Abend kommen deftige Gerichte vom Grill auf den Teller, während man noch einer Reitergruppe beim Line-Dance zuschaut.

ranchograndemallorca.com

MIT DEM KAJAK VOR COLÒNIA DE SANT JORDIS KÜSTE

Selbst wenn man mit seinem Mietkajak „nur“ zwischen Hafen, Platja des Dolç und der kleinen Insel Na Guardis mit ihren prähistorischen Ruinen paddelt, hat man Spaß. Unter Wasser finden sich Überreste antiker Schiffswracks. Rund um die Insel wurden etwa 50 Fundstellen katalogisiert.

SPORT ERLEBEN IM NADAL-MUSEUM

Ein Must für kleine und große Tennisfans ist der Besuch des Museums von Rafael Nadal. In der mit Licht und Sound untermalten Ausstellung erfährt man alles über den berühmten Sohn der Insel. Highlight sind technische Tools für interaktive Tennis-, Ruder-, Formel-1- und Virtual-Reality-Erlebnisse.

rafanadalmuseum.com

TIERE STREICHELN BEI FRESOPOLIS

Für tierverliebte kleine Menschen ist ein Besuch auf dem „Erlebnisbauernhof Fresopolis“ am Rand von Llucmajor genau das Richtige. Abgesehen von der Tierfarm gibt es auch einen Erdbeerhof für Selbstpflücker und es werden Workshops – zum Beispiel für Kräuterfans – angeboten.

fresopolis-mallorca.com

HÖHLENFORSCHER WERDEN IN PORTO CRISTO ODER CANYAMEL

Rund 4.000 Grotten, Höhlen und Erdspalten gibt es auf Mallorca. Seit Jahrzehnten Anlaufpunkt sind die „Cuevas del Drach“ in Porto Cristo mit dem unterirdischen See Lago Martel. Ganz ohne illuminierte Boote geht es in die – ruhigeren – „Cuevas de Artà“ mit der „Halle der Hölle“, dem „Theatersaal“ und der „Säulenkönigin“.

cuevasdeldrach.com, cuevasdearta.com

MIT ALPAKAS PICKNICKEN BEI FELANITX

Die „Delphine der Erde“ zu streicheln entschleunigt. Auf der Farm der „Alpakas Mallorca“ bei Felanitx stehen Camillo, Muffin, Naomi, Kimoka, Estello, Pino und Boomer zudem für Picknicks, Spaziergänge, Weißwurst-Frühstück, Yoga, Fotoshooting und sogar Hochzeiten parat.

alpakas-mallorca.com

MUSEEN UND AUSSTELLUNGEN

ES BALUARD

Palma
esbaluard.org

FUNDACIÓ PILAR I JOAN MIRÓ A MALLORCA

Palma
miromallorca.com

CCA ANDRATX

ccandratx.eu

FINCA RAIXA

Bunyola
raixa.conselldemallorca.cat

RUTA DEL FANG

Marratxí
Museu del Fang, Carrer Molí, 4

SA BASSA BLANCA

Alcúdia
msbb.org

TORRE CEGA

Cala Rajada
fundacionbmarch.es

TORRE DE CANYAMEL

Capdepera (siehe Foto S. 182/183)
eventos.torredecanyamel.com

ELS CALDERERS

Sant Joan
elscalderers.com

GORDIOLA

Algaida
gordiola.com

ANDENKEN

MANDELN

clarisaspalmamallorca.wordpress.com

OLIVENÖL

sonnaava.com, sonmoragues.com, dosalquemistas.com

ENSAÏMADA

canjoandesaigo.com

WEIN

vinsmiquelgelabert.com, 4kilos.com, miqueloliver.com, finca-biniagual.com, montesionwineestate.com, sesrotes.com

SOBRASADA

embutidosmunar.com, ferrerico.com, elzagal.com

GIN UND CO.

cabraboc.com, canonita.es, casa-eva.com

SCHOKOLADE

cachao.eu, chocolatesmaua.com

STOFFE

teixitsvicens.com, bujosatextil.com, riera.com

PARFÜM UND SEIFE

jabondemallorca.com

GLAS

lafiore.com

FEIERTAGE UND FESTIVALS

JANUAR

SAN SEBASTIÀ

Palma

Zur Feier des Schutzheiligen von Palma findet jedes Jahr rund um den 20. Januar ein kostenloses, großes Musikfest auf rund 30 in der Stadt verteilten Bühnen statt, von Pop und Rock bis Jazz und Techno. Dazu kommen die „Correfocs" – die Feuerläufe. Menschen mit dämonischen Masken laufen mit Fackeln durch Palma, begleitet von Feuerwerk, Lichtinszenierungen und öffentlichem Barbecue.

NIT DE SANT ANTONI

Sa Pobla

Lagerfeuer, Musik und Teufel. Inselweit, aber besonders in Sa Pobla wird in der Nacht vom 16. auf den 17. Januar lautstark der heilige Antonius gefeiert – inklusive Tiersegnungsmesse „Beneïdes" am Morgen des 17., dem Namenstag von Sant Antoni, der als Schutzpatron von Nutz- und Haustieren gilt.

MÄRZ

SEMANA SANTA

Palma

Die Karwoche, „Semana Santa", wird wie in ganz Spanien auch in Palma eindrucksvoll gefeiert. Allein in der Inselhauptstadt gibt es rund 30 Bruderschaften, deren Mitglieder mit den charakteristischen spitz zulaufenden Kapuzen durch die Straßen ziehen – die größte Prozession findet am Gründonnerstag statt.

APRIL

BOATSHOW & SUPER JACHT SHOW

Palma

Ende April findet jährlich die Internationale Bootsmesse in Moll Vell, zwischen La Lonja und dem Born des Passeig, statt. Mit 45.000 Menschen, die sich rund um die 600 Showboote, teils Superjachten von mehr als 24 Metern Länge, am Wasser bewegen und über die neuesten Trends der Jachtindustrie informieren und vernetzen.

MAI

ES FIRÓ

Sóller

Berühmt ist das Fest „Es Firó", bei dem rund um das zweite Maiwochenende in Sóller an den Widerstand der Sóllerics gegen einen Sarazenenangriff im Jahr 1561 erinnert wird. Bauern gegen Piraten, Christen gegen Mauren – an diversen Schauplätzen werden historische Schlachten nachempfunden.

JUNI

NIT DE SANT JOAN

In der Johannisnacht vom 23. auf den 24. Juni feiern die Menschen den Beginn des Sommers gemeinsam am Strand, viele davon mit Picknick und in Weiß gekleidet. Ob ausnahmsweise Lagerfeuer erlaubt sind, entscheidet die jeweilige Gemeinde, meist schaut aber keiner so genau.

JULI/AUGUST

FESTES DE SANT SALVADOR

Artà

Eigentlich ein mehrtägiges Fest zu Ehren von Sant Salvador, dessen Namenstag der 6. August ist, sprechen Zugereiste gern vom „Teufelsfest" – zumeist mit Respekt in der Stimme. Denn wenn am menschengefüllten Rathausplatz plötzlich das Licht erlischt, tanzen in Artà wilde Teufel zwischen Feuerrädern und Trommelklängen.

SEPTEMBER

FESTA DES VERMAR

Binissalem

Traubenschlacht, Traubentreten, Nudelessen und ein ganzes Dorf, das gemeinsam unter freiem Himmel diniert: All das gibt es zur „Festa des Vermar" in Binissalem. Das zweiwöchige Fest findet jährlich parallel zur Weinlese von Anfang bis Mitte September statt.

NIT DE L'ART

Palma

In der „Nit de l'Art" wird die Inselhauptstadt jedes Jahr im September zum Freilichtmuseum. Künstler und Galeristen feiern gemeinsam die Kunstsaison, öffnen ihre Galerien und Ateliers bis in die Nacht und bieten Show und Getränke.

NOVEMBER

FERIA DE ARTESANÍA

Pollença

Die Kunsthandwerkermesse „Feria de Artesanía" im Kloster von Santo Domingo in der ersten Novemberhälfte ist nur ein Element der „Feria" von Pollença, einem der ältesten Volksfeste der Insel.

CHIRINGUITOS

PATIKI BEACH

Port de Sóller

Im Ibiza-Style renovierter Ex-Bootsschuppen am Strand von Port de Sóller mit Blick über den Hafen. Die dicht aromatischen Gerichte schmecken nach marktfrischem Angebot, das Küchenteam sorgt für familienfreundliche Lounge-Atmosphäre und tollste Teller zum Teilen.

patikibeach.com

CHIRINGUITO PURE

Cala Llombards

Die Kinder äußern den Wunsch, zur „Papageienbucht" zu fahren? Sie meinen die Cala Llombards. Wenn gerade kein Riesenandrang zu befürchten ist, ergattert man sogar einen Platz im „Chiringuito Pure".

@chiringuitopurecalallombards

PONDEROSA BEACH

Platja de Muro

„Ponderosa Beach" punktet mit Hippiestyle, der bestens zur entspannten Atmosphäre an der Platja de Muro passt. Die Karte bietet Comfort-Food-Knaller wie 20 Stunden gegarte Rippchen oder Miesmuscheln in mallorquinischem Palo-Likör.

ponderosabeach.com

BAR PLAYA

Costa de los Pinos

Das Stimmengewirr ist so laut, dass die Kellner sich bei Aufnahme der Bestellung konzentrieren müssen. Eher Bude als Gebäude, ist die „Bar Playa" äußerst beliebt, denn hier herrscht ein Gefühl von Urlaub, das zeitlos ist. Stammgäste nehmen auf schlichten Stühlen Platz, um Meeresfrüchte oder Club-Sandwich zu ordern.

@barplayabeachbar

EL PEÑÓN 1957

Ciudad Jardin

Authentisch mallorquinische Tapas, Paella und Fisch vom Grill nach alter Schule gibt es mit Blick auf die Bucht von Palma im „El Peñón" in Ciudad Jardin. Das seit 1957 familiengeführte, schlichte Strandlokal liegt auf einer Landzunge, noch näher am Meer könnten die Gäste nicht sitzen. Perfekt für einen Sundowner.

elpenon1957.com

CAN GAVELLA

Platja de Muro

In der Nähe des rosa Rettungsschwimmerturms, den Jugendliche einst aus Jux angepinselt haben, liegt leicht erhöht das „Can Gavella". Mit einer Menge Weiß, ein wenig Türkis und den vielen Bastlampen unter dem

Sonnendach versprüht der Beach Club entspanntes Ibiza-Feeling. Zu Club Tunes werden hier besonders häufig Paella-Pfannen aufgetischt.

cangavella.com

CAP FALCÓ BEACH

Sol de Mallorca

Rustikale Möbel aus Bambus, die sich in den Sand stemmen, darüber Sonnensegel, die sich zwischen Pinienbäumen spannen. Stephan Ohneck hat den kleinen, bei Sol de Mallorca zwischen zwei Felsklippen liegenden Strand mit Restaurant und Service erweitert, die Reservierungen nötig machen.

facebook.com/cap.falco.beach

BUGAMBILIA

Cas Català

Der Strand an der populären Südwestküste ist hauptsächlich Einheimischen bekannt, dabei bietet er traumhaft Wasser und Sand, Blicke in Richtung Palma und Marivent-Palast – sowie ein nettes Strandbistro. Miguel López Marcussen und Team sorgen für vernünftiges Essen sowie dank der exponierten Lage der Tische auf den Steinfelsen für das Gefühl, beim Verzehr über dem Meer zu schweben.

@restaurante_bugambilia

CALA SA NAU

S'Horta

Flache Klippen und sattes Grün rahmen den schmalen Strand der Cala Sa Nau ein, der definitiv auch von der Bar geprägt wird. Kinder stehen für ein Eis an, die Eltern genießen Cortado, Aperol oder gegrillten Tintenfisch. Zwangloses Urlaubsfeeling, das man schon als Kind so geliebt hat.

grupomarport.com/cala-sa-nau

NUMA BEACH

Platja de Muro

Statt auf typischen Beach-Style setzt das „Numa" auf viel Weiß, Daybeds und Signature-Cocktails „by Numa". Auf der Speisekarte stehen Klassiker, aber auch Sushi und der „Caviar Corner". Regelmäßig finden DJ-Events statt. Dass „trotz" so viel Lifestyle auch der Nachwuchs willkommen ist, beweist die extra Kinderkarte.

numabeachmallorca.com

RESTAURANTS

DINS SANTI TAURA

Palma

In bis zu 14 Gängen präsentiert der gebürtige Mallorquiner Santi Taura in seinem Stammrestaurant „DINS“ in Palma die kulinarische Geschichte Mallorcas im höchst kreativen, modernen und schmackhaften Gewand. Lokal-saisonale Zutaten und Techniken, die er aus antiken Rezeptbüchern und Schriftsammlungen ausgewählt hat.

dinssantitaura.com

PATIKI BEACH

Port de Sóller

Im Ibiza-Style renovierter Ex-Bootsschuppen am Strand von Port de Sóller; die dicht aromatischen Gerichte schmecken nach marktfrischem Angebot mit Blick über den romantisch angelegten Hafen. Dazu Lounge-Atmosphäre mit teils Livemusik und tollste Teller à la Ottolenghi zum Teilen.

patikibeach.com

SAUVAGE FOOD & WINE

Establiments

Chef Andreas Aberg kam vor zehn Jahren aus Schweden, gründete das großartige Catering „The Cutting Edge“ und hat sich mit Frau und Tochter nun doch für ein eigenes Restaurant entschieden, das „Sauvage Food & Wine“. Stimmung, Wein und gekonnt Soul Food im Garten.

@sauvagefoodandwine

CA NA TONETA

Caimari

Maria Solivellas hält einen von vier „Grünen Sternen“ des Michelin für nachhaltige, lokale Produktküche auf Mallorca. Im ehemaligen Wohnhaus der Eltern landen die Aromen der Insel in neun Gängen auf den Tischen der romantischen Terrasse oder im authentisch gebliebenen Gastraum.

canatoneta.com

VORO BY ÁLVARO SALAZAR

Canyamel

Der einzige mit zwei Michelin-Sternen gekrönte Koch der Insel arbeitet im Osten. Álvaro Salazar aus Andalusien verbindet mit seinen avantgardistisch eindrucksvollen Kreationen die alte Heimat mit der neuen und sorgt für elf bis 15 Gänge voller Technik, Textur und Temperatur.

vororestaurant.com

NUS

Palma

Charmant schüchtern wirkt Chefköchin Irene Martínez López hinter dem Pass des „Nus", das sie in Palmas Trendviertel Santa Catalina eröffnet hat. Auf die langen Holztische kommen mallorquinische Zutaten gepaart mit asiatischen Gewürzen und Techniken wie Sardellen mit japanischer Escabeche.

nuspalma.com

SES COVES

Campanet

Die Steinterrasse des „Ses Coves" verwandelt sich abends in ein zweites „Asador Etxebarri". Kerzen schimmern zwischen uraltem Baumbestand mit Blick ins olivenbaumgesäumte Tal und ausschließlich vom mit Mandelholz befeuerten Grill kommen frischer Fisch, Meeresfrüchte, Gambas und Lyo-Fleisch.

covesdecampanet.com

FERA

Palma

Den romantischsten Garten Palmas mit Gourmetdinner bietet das „Fera". Chef Simon Petutschnig hat unter anderen mit Paco Pérez gearbeitet und vereint lokale Produkte mit asiatischen Aromen wie glasig gegarte Jakobsmuschel mit andalusischer Tiefsee-Garnele in Kokosnuss-Ingwer-Zitronengras-Schaum.

ferapalma.com

ES TALLER

Valldemossa

Ein Cross-over aus mediterran-südamerikanischer Fusionsküche, faire Preise, guten Wein und reges Treiben in einzigartiger Atmosphäre in einer ehemaligen Autowerkstatt gibt es bei Nicolas Aubert in Valldemossa. Sehens- und erlebenswert.

estallervalldemossa.com

STAGIER BAR

Palma

In diesem kleinen Eckrestaurant wirken Chef Joel Bauza und Gastgeberin Andrea Sertzen Valencia in perfekter Gastro-Symbiose. Es gibt Tapas mit lateinamerikanischem Twist wie gegrillte Jakobsmuschel mit Chimichurri und Rocoto-Butter sowie Wolfsbarsch-Ceviche in ungezwungen hipper Atmosphäre.

stagierbar.com

ROOFTOP-BARS

ALMAQ AT ES PRINCEP

Palma

Nur wenige Hotels mit Dachterrasse erlauben Außer-Haus-Gästen den Besuch. Im „Almaq" des „Es Princep" können Externe von 10.30 bis 22.30 Uhr Snacks, Lunch, Dinner oder auch nur Drinks zum Blick über die Bucht genießen.

esprincep.com

EL MIRADOR DE SUCULENTA

Port de Sóller

Glasig gebratene, aromatische Sóller-Garnelen sowie weitere fangfrische Spezialitäten der mediterranen Küche gibt es auf der Dachterrasse des „Suculenta". Plus Blick auf den traumhaft schönen, einzigen Hafen der Westküste.

suculentaportdesoller.com

HOSTAL CUBA

Palma

Jeden Abend ab sechs Uhr gibt es in der „Sky Bar" des „Hostal Cuba" ausgesuchte Weine, Longdrinks und vor allem Cocktails wie Sailor Mojito Jar oder Maó Mule. Dazu die Lage inmitten vom Trend- und Partyviertel Santa Catalina.

hotelhostalcuba.com

KAI

Santa Ponça

„Roll, Grill & Chill" steht am Schild des Rooftop-Restaurants „Kai" geschrieben. Für Chillout-Vibes zum Sonnenuntergang über dem Hafen sorgen ein DJ, Drinks und Sushi à la „Dragon Roll" mit Lachs, Avocado, Mango, Frischkäse und japanischer Mayonnaise.

@kai.mallorca

VILLA CHIQUITA

Colonia de Sant Jordi

Zwischen Himmel und Meer schwebt die Terrasse „Sunset Sea Club" des Hotels „Chiquita". Auf Sunloungern, Bali-Betten am Pool oder an der Bar schmecken Drinks zu Livemusik gleichermaßen genial.

hotelvillachiquita.com

NENI AT BIKINI BEACH

Port de Sóller

Levante-Küche mit Blick über den Hafen bietet Haya Molcho in ihrem „Neni" im „Bikini Beach". Hummus, Sabich, frischer Fisch und Shawarma schmecken fantastisch, dazu schaffen viel Grün und Boho-Design eine leger-coole Atmosphäre.

bikini-hotels.com

KATAGI BLAU

Playa de Palma

Der beste Ort für den Sonnenuntergang an der Playa de Palma wartet auf der Dachterrasse des „Iberostar Selection Llaut Palma". Im dazugehörigen Restaurant „Katagi Blau" gibt es von Brunch bis Dinner japanisch-mediterranes Cross-over zu probieren.

katagiblau.com

SKY LOUNGE AT LLAUT BOUTIQUE HOTEL

Can Picafort

Panoramablick auf das Mittelmeer in der Bucht von Alcúdia, Cocktail-Service und Musik bietet die „Sky Lounge" des „Llaut Boutique Hotel" in Can Picafort. Am besten direkt nach dem Besuch der unberührten Strände von Son Bauló und Son Real besuchen.

llautboutiquehotel.com

ES TERRAT

Alcúdia

Wie wäre es mit einem Sundowner zum Panoramablick über die Buchten von Pollença und Alcúdia, die mittelalterliche Stadt sowie die Serra de Tramuntana und Formentor? Im „Es Terrat" des „La Fonda Llabrés", dem schon 1957 eröffneten, ältesten Hotel Alcúdias, eine wahre Freude.

fondallabres.com

EL VICENÇ DE LA MAR

Pollença

Für Snacks, Lunch und Dinner mit hausgemachten Genialitäten von Santi Taura zu Traumblick über die von Felsen gerahmte Cala Molins in der Cala Sant Vicenç geht es auch für Externe in dieses Designhotel. Auf der 380 Quadratmeter großen Terrasse warten Bar- und Poolbereich.

elvicenc.com

FRÜHSTÜCKEN

SURRY HILLS COFFEE

Palma

Buenos Aires, Miami und nun auch Mallorca. Die Macher des „Surry Hills" bringen bekannt beste Bohnen und schmackhafte australische Brunchvariationen wie Pilz-Toastie oder Bacon-&-Egg-Sandwich mit zumeist lokal-frischen Produkten in ihr Bistro in der Altstadt von Palma.

surryhillscoffee.com

EL PERRITO

Palma

Eins ihrer Brote backt Agustina Ballina selbst, den Rest der frischen Zutaten für ihr geniales Frühstück besorgt sie aus der Markthalle direkt gegenüber. Im „El Perrito" gibt es Eierspeisen wie Eggs Royale mit Hollandaise, Frühstücksbowls und Balearisches wie Pa amb oli.

www.elperritocafe.com

CA'S PATRÓ MARCH

Deià

Bei der Location mit Traumblick über Meer, Tramuntana und Cala Deià ist Essen eigentlich zweitrangig (siehe Foto S. 194/195). Das typisch mallorquinische Frühstück im „Ca's Patró March" mit Kaffee, Espresso, frisch gepresstem Orangensaft, Ensaïmada oder Pa amb oli ist aber dennoch verlässlich gut.

caspatromarch.myrestoo.net

BREENS DELI

Andratx

Fans veganer Köstlichkeiten werden fündig in „Breens Deli", wo Rebecca und Max, die sich bei einem Praktikum in Hamburg kennengelernt haben, mit Banana Bread, Protein-Pancakes und Detox Bowl für einen gesunden Start in den Tag sorgen.

breensdeli.com

CAFÉ CANDELA

Felanitx

Herzhaft oder süß – beides funktioniert im „Café Candela" in Felanitx, wo man bis 12 Uhr frühstücken kann. Übrigens auch Zeitgeistiges wie Naturjoghurt-Bowl mit Chiasamen oder Overnight Oats aus Hafer- und Dinkelflocken.

cafe-candela.es

VENT

Portixol

Zwischen den Fischerbuchten El Molinar und Portixol steht ein kleines Haus, in dem oben ein Yoga-Studio und unten ein Bistro mit Terrasse steckt. Im Angebot: All-Day-Brunch mit Tacos, Poke-Bowls und selbst gebackenes Brot mit Avocado, Schinken, Käse, Smoothies und frisch gepresste Säfte.

@ventportixol

MARICEL

Sant Agustin

Selbst das Frühstück ein Degustationsmenü: Das Restaurant des „Hotel Hospes Maricel y Spa" wirbt mit dem „besten Frühstück der Welt" – ein Erlebnis ist es auf jeden Fall. Am besten das Buffet auf der Hauptterrasse buchen. Mit einmaligem Blick und Köstlichkeiten wie Coca Mallorquina mit geröstetem Oktopus oder Rührei mit Schwein und Garnelen.

hospes.com

MISTRAL COFFEE HOUSE

Palma

Im „Mistral" steht der selbst geröstete „Specialty Coffee" im Fokus – Sorten wie „Tramuntana" mit schokoladigen Noten. Im Coffee House lassen sich zu Espresso oder Filterkaffee auch Sauerteigbrot mit Avocado oder Granola ordern.

mistralcoffee.com

CAFÉ PARISIEN

Artà

Die Tische im verträumten Innenhof des „Café Parisien" in Artà sind beliebt, und auch ein frühes Mahl mit Zimtschnecken oder Sandwich lässt sich in dieser Oase ganz wunderbar genießen. Mehr vom Treiben bekommt man auf einem der verschnörkelten Metallstühle vor dem Entrée mit.

@cafeparisienarta

CAPPUCCINO

Puerto Portals

Im Jachthafen von Portals befindet sich der beliebteste Spot der auf Mallorca gegründeten „Cappuccino"-Gruppe. Das Frühstück ist nicht ganz günstig, bietet aber vom Omelett bis zum griechischen Joghurt alles, was der Gast begehren mag – sowie herrliche Einblicke ins Zentrum des Show-Luxus.

cappuccinograndcafe.es

HOTELS

CAN SIMONETA

Canyamel

150.000 Quadratmeter groß ist das Land, auf dem die 140 Jahre alte Finca auf einem Hochplateau direkt am Meer liegt. Nur 26 Zimmer gibt es, dazu Fine-Dining-Restaurant, hoteleigene Jacht „Chriscraft 25", zwei Pools und direkten Strandzugang. Spektakulär.

cansimoneta.com

CAN CERA

Palma

Per Klingel geht es in diesen Palast mit Kassettendecken und Kunst von Adriana Meunié und Jaume Roig. Mehrere Wohnzimmer, zwei Bars, ein Restaurant und nur 14 Zimmer, alle individuell groß, verleihen das Gefühl, in einem Private Members Club statt im Hotel gelandet zu sein.

cancerahotel.com

CAN FERRERETA

Santanyí

32 Zimmer, Spa, Gym, Bibliothek, zwei Restaurants und Pools finden sich in diesem Luxus-Retreat mitten in Santanyí. Das sich in einem mit Sorgfalt und gekonntem Minimalismus renovierten Haus einer Handelsfamilie aus dem 17. Jahrhundert befindet. Ab 14 Jahren.

hotelcanferrereta.com

BELMOND LA RESIDENCIA

Deià

Das 71 Zimmer große Haus mit Traumblicken auf Deià und die Tramuntana ist der Klassiker unter den Luxushotels. Viel Kunst, eine eigene Galerie und zwei Ateliers, drei Pools, Kids Club und herzlicher Service seit über 40 Jahren.

belmond.com

SON GENER

Son Servera

Der mallorquinische Architekt Toni Esteva hat mit seiner Frau Catín Canellas aus der einstigen Ölmühle ein kleines Boutiquehotel mit 15 Suiten, drei Pools, Spa und großem Garten geschaffen.

songener.com

GRAND HOTEL SON NET

Puigpunyent

Niemand Geringerer als Lorenzo Castillo hat die 31 Suiten mit Antiquitäten, Maßmobiliar, Stoffen und Kunst gestaltet. Außen locken Gärten voller Zitrus- und Olivenbäume, mehrere versteckt liegende Pools und Terrassen sowie Drinks aus der „Green Bar" und Teller von Sergi Olmedo.

sonnet.es

PORTELLA

Palma

Das „Portella" gehörte einst dem spanischen Maler Joaquin Torres Ladó. Nun vereint es unter Inés und Enrique Miró-Sans („Casa Bonay") – als neuestes unter den Fünfsterne-Boutiquehotels in Palma – Design von Festen aus Paris mit 14 Suiten, Gym, Massage, Hamam, À-la-carte-Frühstück bis 13 Uhr und VIP-Service in einem Palast aus dem 17. Jahrhundert.

portellapalma.com

EL LLORENÇ PARC DE LA MAR

Palma

Im historischen Calatrava liegt dieses 33 Zimmer starke Boutiquehotel, das 2019 mit dem letzten in Palma lizensierten Rooftop-Infinitypool eröffnete. Design von Magnus Ehrland, Fotografien von Toni Font sowie Sternerestaurant „DINS" von Santi Taura plus Bistro „Urba" auf der Dachterrasse.

ellorenc.com

SANT FRANCESC

Palma

Vor zehn Jahren hat Familie Soldevila Ferrer („Majestic Hotels") den 1881 erbauten Altstadtpalast gekauft. An fünf Meter hohen Wänden hängen Fotografien von Barbara Vidal, Treppen und Türen sind im Original erhalten, dazu 42 Zimmer, Rooftop-Bar und Restaurant.

hotelsantfrancesc.com

ES RACÓ D'ARTÀ

Artà

Gleich hinter dem Eingangstor zum Gelände von „Es Racó" beginnt die Reise zu sich selbst. Gefühlvoll hat Architekt Antoni Esteva historisches Landgut, pures Interieur, ausgewählte Kunst und urwüchsige Natur verschmelzen lassen. Nichts lenkt vom Wesentlichen ab: Ruhe.

esracodarta.com

SHOPS

ARQUINESIA

Palma

Romana und Urs Leuenberger, zwei Schweizer Innenarchitekten, hatten 2019 die geniale Idee zu diesem elegant eingerichteten, duftpoetischen Paradies. Sechs vegane Parfüms – Feige, Orange, Scent of History, Sea Breeze, Secret Garden und Silencio – fangen Mallorca ätherisch ein.

arquinesia.com

HUGUET

Campos

Die typisch mallorquinischen Kacheln finden sich bei „Huguet" in Campos. 1933 hatte Gabriel Huguet das Unternehmen, das Bodenfliesen im Hydraulikstil herstellte, gegründet, vor einem Vierteljahrhundert belebte Enkel Biel diese Technik neu und versorgt nun etliche Bauherren und Interior-Designer mit zeitlosem Design.

huguetmallorca.com

PICKETT'S HOUSE

Deià

Antikhändlerin und Dekorateurin Amanda Pickett hat aus einem ehemaligen Fischerhäuschen in Deià ein Labyrinth aus antiken Kommoden, seidenen Paravents, Leinen-Baldachinen sowie Unikaten an Standuhren, Lampen, Sofas, Chinoiserie-Spiegeln und Tagesbetten gemacht.

@pickettshouse

ISABEL GUARCH

Palma

Die spanische Schmuckdesignerin Isabel Guarch hat das Geschäft ihrer Eltern zu wahrem Ruhm geführt. Ihre von der Insel inspirierten und ausschließlich lokal produzierten Stücke tragen unter anderem Kunden wie Sofía von Spanien sowie Schwiegertochter Königin Letizia.

isabelguarch.com

ROUGE

Palma

Der zum Imperium der „Gallery Red“ gehörende Luxusaccessoire-Shop „Rouge“ bietet in edel designter Atmosphäre Handtaschen- und Uhrenunikate von Hermès, YSL, Dior, Prada, Chanel, Rolex und Louis Vuitton. Vintage vom Feinsten.

rougemallorca.com

LIVINGDREAMS

Santa Maria del Camí

Gerade erst hat die Schweizerin Nicole Hoch ihren Sitz auf Mallorca erweitert. Zum Stadthaus gehört nun auch der Showroom des Nachbargebäudes. Antike Dekoration aus Bali bis zu maßgefertigten In- und Outdoorstücken sowie Restaurant im traumhaften Innenhof inmitten des Dorfes.

livingdreams.eu

SOULOSOFIE

Son Bugadelles

Die Schwedin Sofie Gunolf importiert antike Möbel aus Indien und restauriert und verkauft sie anschließend aus dem Lager im Industriegebiet Son Bugadelles an der Südwestküste. Auch Vintage-Kissen, Kerzen und Decken gehören zum Sortiment.

mallorca.soulosofie.com

RIALTO LIVING

Palma

Oft der erste Halt einer Shoppingtour: Rialto Living. In einem barocken Stadtpalast, einst Heimstätte eines Kinos, bringen Klas Käll und Barbara Bergman seit 2007 Café, Mode, Möbel, Schmuck, Papeterie und mehr zusammen. Letztes Interior-Projekt des Paares: Sir Richard Bransons Hotel „Son Bunyola“.

rialtoliving.com

CARMINA SHOEMAKER

Palma

Von Inca in die Welt: Die Geschichte des Unternehmens reicht bis ins Jahr 1866, als in einer Werkstatt in Inca die ersten Schuhe gefertigt wurden. Heute verkauft die Inhaberfamilie Loafers oder Chelseas nicht nur in Palma und auf dem Festland, sondern auch in Paris und New York.

carminashoemaker.com

CORTANA

Palma

Ein Geschäft hat Designerin Rosa Esteva bereits seit 2001 in Palma – die 600 Quadratmeter aber, die sie 2022 bezogen hat, sind viel mehr als das. Es ist die kunstvolle Architektur, die saisonaler Mode, Brautkleidern und Wohnaccessoires aus der „Casa Line“ eine angemessene Bühne bietet.

cortana.es

WOCHENMÄRKTE

ARTÀ

Dienstag

ALCÚDIA

Dienstag und Sonntag

SINEU

Mittwoch

CAPDEPERA

Mittwoch

ANDRATX

Mittwoch

SANTANYÍ

Mittwoch und Samstag

ALARÓ

Samstag

SANTA MARIA DEL CAMÍ

Sonntag

CONSELL

Sonntag

POLLENÇA

Sonntag

Canela
CURRY ROJO
Curcuma
AJO Y PEREGIL
Cayena
Garam Masala
Cilantro, comino, pimienta,
mejorana, canela y nuez moscada

LITERATUR UND QUELLEN

- Aldeguer Gordiola, Daniel: Die Glasmacherkunst auf Mallorca und die Gordiolas, 2001
- Breloer, Heinrich & Schauhoff, Frank: Mallorca, ein Jahr, KiWi, 2008
- Christie, Agatha: Die mörderische Teerunde, S. Fischer, 2006
- De Forestier, Guy: Beloved Majorcans, La Foradada, 1995
- De Jong, Andrea: Take the kids to Palma de Mallorca, 2023
- Fabian, Caroline: Mallorca. Das Kochbuch, DK, 2020
- GEO Saison, Mallorca für Genießer, Sonderheft 2, 2000
- Gomez, Anna & Keller, Steve: Glücksmomente Mallorca, Bruckmann, 2019
- Gorkow, Alexander: Hotel Laguna. Meine Familie am Strand, KiWi, 2019
- Grundmann, Hans-R.: Reise Know-How Mallorca, 2024
- Harper, Damian & McNaughtan, Hugh: Mallorca, Lonely Planet, 2017
- Heinecke, Werner R. C.: Entdecke das mittelalterliche Mallorca, Books on Demand, 2023
- Highsmith, Patricia, Doerrie, Doris, Suter, Martin u. a.: Gefährliche Ferien: Mallorca, Diogenes, 2023
- Kaeser, Silvan: Banksy from Palma, 2021
- Knapp, Margit: Mallorca. Eine literarische Einladung, Wagenbach, 2000
- Liebl, Britt: Mallorca. Wandern für die Seele, Droste, 2023
- Liedtke, Rüdiger: 111 Orte auf Mallorca, die man gesehen haben muss, Emons, Neuauflage Januar 2022
- Ludwig Salvator Erzherzog von Österreich: Mallorca. Die schönste Insel der Balearen, 1897
- McVeigh, Laura: Lonely Planet, Reiseführer Mallorca, 2024
- MERIAN Magazin Mallorca, Heft 07/22, Jahreszeiten Verlag, 2022
- Niederste-Werbeck, Thomas: Zu Gast auf Mallorca, Callwey, 2020
- Nowak, Axel: Legendäres Mallorca, Holiday, Gräfe und Unzer, 2017
- Parinejad, Patricia: Green Mallorca, teNeues Verlag, 2022
- Richter, Katharina & Vogt, Martina: Glücksorte auf Mallorca, Droste, 2018
- Rumpf, Frank: Mallorca: Populäre Irrtümer und andere Wahrheiten, Klartext, 2022
- SALON Mallorca, Edition 2023, salon-magazin.de
- Sand, George: Ein Winter auf Mallorca, dtv, 2016
- Schmid, Niklaus: Mallorca, MERIAN Reiseführer, 2020
- Schmidt, Lothar (u. a.): Secret Places Mallorca, Bruckmann, 2021
- Schmidt, Lothar & Neumann, Peter V.: Highlights Mallorca – 50 Ziele, die Sie gesehen haben sollten, Bruckmann, 2020
- Seeler-Herzog, Brunhild: Mallorca, Gaia, 2000
- Sheridan, Amy & Sheridan, Cecilie: The George and Cecilie Sheridan Art Collection at La Residencia Hotel, Belmond La Residencia Mallorca, 2018
- Straub, Emma: Ein Sommer wie kein anderer, Penguin, 2015
- Stroemqvist, Ulf & Eriksson, Peer: HIP Wines Mallorca, Exakta Group, 2022
- Vis-à-Vis-Reiseführer Mallorca, DK, 2023
- Welzer, Britta & Mattner-Shahi, Svenja: Palma de Mallorca – Das Kochbuch, EMF, 2024